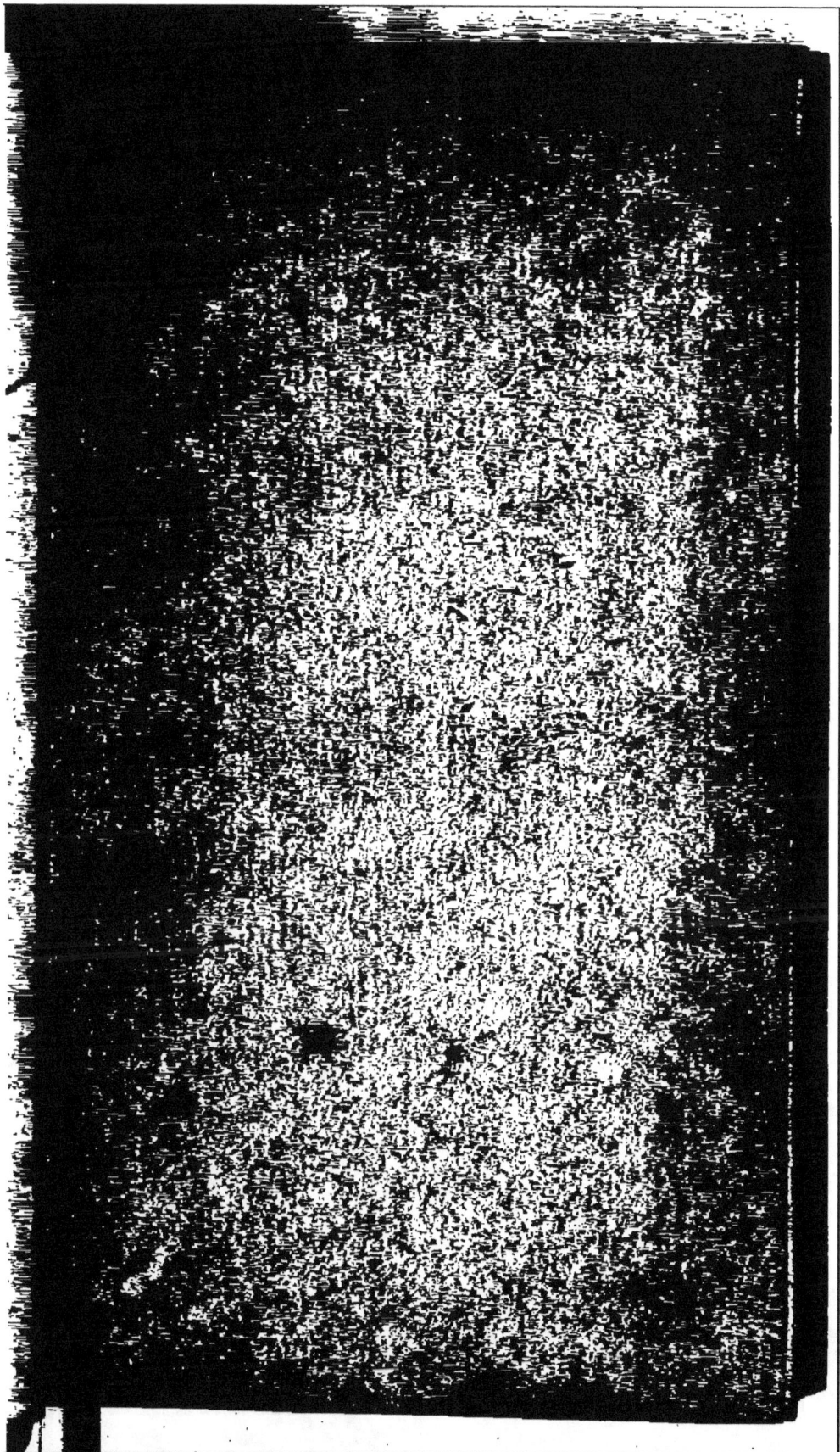

2364

2612-53062

TRAITE' POLITIQUE

Concernant l'importance du choix exact

D'AMBASSADEURS

HABILES,

Avec l'utilité

DES LIGUES,

Et du retablissement des

ORDRES MILITAIRES

EN ESPAGNE,

Par une deduction curieuse des Princes qui s'en servi-
rent judicieusement, avec les evenemens touchant une maxime si consommée.

A COLOGNE,
Chez PIERRE DE LA PLACE, 1660.

ACASTILLA · ALEON · NVEVO · MVNDO · DIO · COLON ·

A TRES-EXCELLENT
SEIGNEUR
DON PEDRO NUÑO
COLON ET PORTUGAL,
GRAND ADMIRAL DES INDES,
DUC DE VERAGUAS
ET DE LA VEGA,
GRAND D'ESPAGNE,

Marquis de Jamaïque , Comte de Gelbes,
Marquis de Villa-Mizar ,

Capitaine general de l'armée Navale , & des côtes
Maritimes des Pays-bas ,

Maître de Camp general de ſes armées , & Capitaine general de la Royale , qui eſt ſur la
mer Oceane , &c.

MONSEIGNEUR,

L'arrogance n'eſt pas
mon foible , ny ma paſ-
ſion predominante. Elle ne m'é-
blouït pas auſſi juſques à ce point

ã 4   que

EPISTRE

que de me croire exemt d'une censure assez picquante. J'ay trop de
franchise pour ne pas faire un juste adveu icy de ma temerité, puisque je dois à l'ouverture de mon
Epître Préliminaire , implorer
deux graces de V. E. l'une & l'autre assez difficiles d'obtenir, &
de haute consequence. C'est que
j'offence toutes les regles de l'ar-
chitecture, plaçant dans une niche
peu proportionnée à la grandeur
du projet, ces statuës sublimes &
immenses de vos Ancêtres. J'y
adjoûte la vôtre, puis qu'en effet,
elle est le monument vif, & eter-
nel de cette estime toute particuliere, que nôtre grand Monarque
Philippe IV. d'heureuse memoire,
eut pour vos merites , aussi bien
que l'ouvrage unique de vos mains.

Cet

DEDICATOIRE.

Cet inſtinct qui éſt ſi ordinaire aux ames heroïques, & qui marque pleinement l'auguſte ſplendeur de ſon origine, avoit trop d'aſcendant ſur la vôtre, pour ne pas la pouſſer par l'impetuoſité d'une emulation éclatante à écouter la gloire, & à marcher pompeuſement ſur ce grand chemin frayé, avec tant de Majeſté, & d'applaudiſſemens, par le ſoin exact, & la vertu mâle de vos illuſtres devanciers. C'eſt en ce point auſſi, Monſeigneur, que je me laiſſe aller, malgré encore le foible effort d'une repugnance qui chancelle, à ce mouvement ambitieux, qui entraîna avec ſuccez cet homme induſtrieux, qui offrit à Elizabeth Reyne d'Angleterre (ce modele achevé de la Politique) un papier qui n'excedoit

ã 5   pas

EPISTRE

pas la grandeur du pening (monnoye de ce Royaume , & qui egale
nos sols des Pays-bas) dans lequel
neantmoins , il avoit écrit tout au
long les dix Preceptes du Deca-
logue, le Symbole des Apôtres, l'O-
raison Dominicale, le nom de la
Reyne , & la date de la presente année. Mais pour encherir düement sur cette merveille si delicate , j'avanceray qu'il luy donna
à même tems des lunettes faites
avec tant d'industrie, que cette
auguste Reyne par leur moyen dis-
cernoit chaque caractere exacte-
ment & en particulier. Ainsi
comm'ell'estoit elle même la juste
dispensatrice de ses bienfaits, elle
en recompensa hautement l'inge-
nieuse adresse de cet homme si admirable. J'advoüe, Monseigneur,
que

DEDICATOIRE.

que j'ay la même temerité, puisque je ne rougis aucunement d'ébaucher avec les foibles traits d'une intelligence qui est au-dessous infiniment de la grandeur de mon projet, ces augustes caracteres, qui gravez dans le bronze de la renommée, marquent par des couleurs vives & ineffaçables, tant d'actions éclatantes, qui font le pressant & unique aiguillon pour immortalizer la Vôtre. Mais le mal est que je n'ay ny l'adresse, ny l'artifice de cet homme là, pour les étaler dans toute leur étendüe. Ce defaut rendra mes pensées moins visibles, & peut étre qu'il en est, qui soûtiendront hautement que cette Spynx de ma narration, auroit besoin sans doute de quelque Oedipe qui l'explicât, & qui donnât à même tems

dans

EPISTRE

dans le veritable but de la chose.

Mais je brise icy, Monseigneur, pour demander excuse d'une faute aussi grossiere que la precedente, & qui a la verité n'est pas moins criminelle, puisque j'imite ces habiles Cosmographes (qui bornent dans une feüille de papier, la vaste circomference de l'univers) par la deduction que je fais dans un petit volume d'une matiere si ample, & de si longue haleine. Enfin, pour rapporter icy un exemple plus approchant à l'essence de l'affaire, il est constant que j'éleve un grand edifice sur un petit fonds, n'ayant pas ny l'art, ny l'esprit d'égaler ce personnage inimitable, qui en caracteres d'or, écrivit dans une peau de Dragon longue de CXX. pieds, l'Iliade & l'Odyssée d'Homere.

DEDICATOIRE.

mere. Mais il importe fort peu,
Monseigneur, si je ne marche point
sur ses pas. Vous tenez de commun
cela avec les Dieux, que de baisser
les yeux aussi bien sur l'encens, que
donne une main infortunée, comme
la mienne, & qui essuye encore les
secousses d'une inexorable destinée,
que sur ces Hecatombes pompeuses
de l'antiquité. D'où j'infere que vôtre ame est trop au-dessus de celles
du vulgaire, pour ne reçevoir pas
l'essence d'une volonté sincere &
empressante, & ensemble le devoir
officieux d'un zele sans bornes,
avec le même air que vous feriez
l'effet éclatant de cette generale
estime que l'Espagne, l'Italie &
les Pays-bas ont faites, & font
encore au charme insinuant de vos
merites. Toute grande qu'elle soit,
elle

EPISTRE

elle ne tient rien pourtant de l'hyperbole, ce parfum dont nôtre siecle est si prodigue, & dont l'on encense d'ordinaire ces objets de la recompense, & de la fortune. Ie presente à l'univers un cristal qui diminüe le mien, au lieu de l'agrandir prodigieusement, contre l'habitude inveterée, & qui a pris racine si avant, de prostituer les éloges avec tant de profusion. Si j'ay aprés cela assez de malheur d'étre suspect d'adulation, je mets à la téte de mon apologie le Monde entier qui doit à Vos Ancétres, ce qu'il a de plus beau, de plus riche, de plus opulent, & de plus magnifique. Les annales du siecle precedent, aussi bien que du nôtre, marcheront à ma téte, & c'est de là que j'emprunte ma juste defense, &

DEDICATOIRE.

& où ce que j'avançe se trouvera
glorieusement authorisé. Mais c'est
trop, Monseigneur, m'arréter sur
l'écorce quand il est tems de pe-
nétrer dans le fonds & dans l'essence de la chose.

I'obmétray icy, comme quoy vous
tirez vôtre origine de Ferraro Colomb, Seigneur du chateau de Cu-
zaro, & les services tres-impor-
tans qu'il rendit à sa patrie, aussi
bien qu'Emery & Lança ses illustres Progeniteurs, pour avançer
que Dominic Colomb donna au jour
Christophle, cette gloire unique,
ainsi que l'admiration de son siecle.

Mais la grandeur surprennante
d'un évenement si glorieux exige
un peu d'étendüe, & quelque relache à cette courte narration que je
croiois

EPISTRE

croiois faire d'une chose qui a rem-
ply l'univers d'eloges & d'applaudiffemens. Chriftophle Colomb, dont
le courage étoit intrepide, & l'in-
duftrie égale à la grandeur de fon
ame, accueillit obligemment dans
l'ifle de Madere, le pilote d'un
vaiffeau que la violence de l'orage
avoit emporté bien loin dans des
mers, & à la vüe de terres incon-
nües. Cet homme auffi qui avoit le
cœur placé noblement, touché de cet
air infinuant, dont fon genereux hô-
te s'empreffoit de rétablir fes forces
abatües, luy laiffa en mourant une
marque éclatante de fon eftime, &
une reconnoiffance enfemble de cette ingenüe charité qu'il avoit exer-
cée pour un malheureux inconnu. En
effet il fit à Colomb ce legs fi important de fes inftructions, touchant
ce

DEDICATOIRE.

ce qu'il luy étoit arrivé dans un voyage si peinible & si difficile. Soit que celle-cy fut la cause essentielle, soit que l'Astronomie qu'il possedoit pleinement, luy donnât des grandes lumieres, outre un certain pressentiment qui l'aiguillonoit à s'éclaircir sur une affaire de si haute consequence, où soit enfin que Marc Pol, appuyât cette resolution par des raisons solides, & convainquantes, il est constant qu'il se persuada contre le sentimēt de S. Agustin, de S. Gregoire de Nazianze, de Lactance Firmian, & contre celuy d'une foule nombreuse des sçavans de l'antiquité (qui soutenoient que c'étoit une illusion, ou une reverie que de croire, qu'il y eut des Antipodes au-dessous de nous) que la terre avoit d'autres bornes, & que

le

EPISTRE

le soleil se levoit & se couchoit
dans un autre hemisphere. Il s'ou-
vrit sur cette pensée à D. Alonso V.
Roy de Portugal; qui la decria comme foible & imaginaire. Henry
VII. en Angleterre, adjoûta l'irrision à l'opprobre, & en dit avec un
air fier & hautain, qu'il ne se re-
paissoit pas comme luy d'une opinion decevante, le ridicule effet
d'une idée, comme la sienne creuse
& blessée. Colomb ne s'en offença
pas, il sacrifia tres-volontiers cette honte à l'utilité qu'il vouloit
rendre à la posterité, afin qu'ell' ad-
joutât aux eloges d'une juste re-
connoissance, celuy d'une patience
qui s'étoit roidie vigoureusement
contre l'air injurieux des insultes
& du mépris.

Ferdinand & Isabelle furent sa.
der

DEDICATOIRE.

derniere reſſource: il eſt vray que le credit du Cardinal de Mendoze y contribua infiniment, luy facilitant une audience qu'il avoit demandée ſept années de ſuite, avec tant de chaleur, & ce fut alors que ſes raiſons firent breche dans le cœur de ces grands Rois, qui promirent d'appuyer fortement cette entrepriſe ſi importante. Mais comme la conquéte de Grenade avoit epuiſée leurs finances, Loüis de S. Ange, Secretaire de Ferdinand, préta pour cette expedition, la ſomme de ſeize mille ducats. Ce peu d'argent, trois vaiſſeaux & 120. hommes, ont été la flote, l'armée & le threſor pour mettre un monde entier ſous la glorieuſe domination de Caſtille, avec plus de 1000. millions d'ames. Colomb ſortit de Palos

EPISTRE

Palos de Moguer, & cingla à pleines voiles vers où la grandeur
de son ame le poussoit : & dans ce
tems là, il eut moins à combatre
la rudesse de l'Ocean, que non pas
la rigide opiniatreté des siens, qui
vouloient de haute lutte, qu'il de-
sistât d'une entreprise si imaginaire. Colomb ne succomba pas à tant
de maux. Il vint à bout de ce perpetuel conflict, où les quatre elemens, pour le dire ainsi, étoient de
concert avec les hommes, pour
ébranler une constance inébranlable. Il decouvrit vers la Floride,
les isles Lucayas, & à diverses
fois l'Espagnole, Cuba, Iamaïque,
& celle de S. Iean, avec une grande partie de cette terre ferme qui
commence de l'étroit de Magellan,
jusques au Promontoire de Boja-
dor.

DEDICATOIRE.

dor, dans cette prodigieuse étendüe de mers & côtes maritimes de
cinc mille lieües, que l'on compte
du Pole Antarctique à l'Arctique.
Au retour de son premier voyage (il en fit quatre en tout) Ferdinand & Isabelle, pour marque de
leur estime toute particuliere, l'é-
couterent placé dans une siege, &
outre la confirmation de la dixié-
me partie de leurs imposts aux Indes, le declarerent leur grand Admiral hereditaire.

    Mais quoy que dés son vivant,
& méme apres sa mort, l'on ait ap-
plaudy à une si heureuse entreprise, il est tres-constant que la recompense ne s'approcha pas à la grandeur du service, ny à l'utilité que
l'on en tire encore incessamment. A
la verité, Colomb pouvoit avec bien
                     plus

EPISTRE

plus de justice faire ce reproche sensible, dont Ferdinand Cortez ébranla la severité de Philippe II. quand n'en ayant pu obtenir une audience aprés l'avoir demandée avec beaucoup d'empressement, poussé de son desespoir, & resolu de se perdre, il dit un jour à ce Salomon de son siecle, le prennant par son bras, & l'arrétant tout court: V. M. escuche un hombre que le ha ganado mas Reynos, que los que le dexaron su Padre ny sus Aguelos; *Philippe à ce coup, luy repondit tres-obligemment.* Teneis razon Padre: *& à méme tems l'expedia fort content & satisfait. Ainsi Colomb pouvoit bien avançer à Ferdinand, sans offenser la Majesté de cet auguste Roy, qu'il luy avoit conquis & facilité la*

con-

conquête de plus d'ètats, qu'il ne tenoit par une succession heredi-taire de ses Ayeulx.

Don Diego Colomb, son fils luy succeda Marquis de Jamaïque, & premier Duc de Veraguas, par une grace particuliere de Charle V. qui ne la fit qu'à D. Fernando Henriquez, erigeant en Duché sa terre de Medine de Rioseco. Ferdinand Frere de D. Diego legua en mourrant à la grande Eglise de Seville, sa Biblioteque de 13. mille volumes, & entre ceux là, la vie de son incomparable Pere, qu'il consecra dans un stile tres-elegant à la posterité. D. Loüis fut l'heritier universel de D. Diego, & D. Nuño, Colomb & Portugal emporta aprez luy ce grand état, comme étant second fils de D. Alvaro de Portu-gal

EPISTRE

gal 2. Comte de Gelves, & de D.
Leonor de Cordüa sa femme, petit
fils de D. George de Portugal 1.
Comte de Gelves, & de D. Isabel
Colomb 3. fille de D. Diego Co-
lomb, Duc de Veraguas, & grand
Admiral des Indes.

Enfin, Monseigneur, D. Alvaro Colomb & Portugal, fut le suc-
cesseur de D. Nuño, comme vous
le sien. Mais je brise icy, puis que
mon but n'est pas de m'éloigner du
veritable chemin, que je me suis
proposé dés le commencement, je
veux bien que les Genealogistes le
batent dans toute son étendüe,
pour moy je ne rapporteray que ce
qui est de l'essence de cette deduction; & je diray, comme quoy
vous vous treuvâtes avec une des
compagnies des Gardes de sa Majesté

DEDICATOIRE.

jesté au fameux secours de Lerida, 1642.
ainsi qu'à celuy de Bourdeaux sous
le Marquis de S. Croix,. Cet au-
tre de Puigcerda eut un aussi sini- 1651.
stre evenement que le precedent,
cette place tomba avant que vous 1654.
y arrivâtes avec l'armée Navale
des Pays-bas, que vous y condui-
siez sous vos ordres. Mais pour
difficile que l'on croyoit Ostelrich
d'étre mise en état d'une defense
vigoureuse, vous en achevâtes les
fortications regulieres, avec l'ad-
miration surprennante de ceux qui
furent de sentiment contraire. De
là, vous enlevâtes à S. Coloma, le
quartier du Colonel Auch, exer-
çant sur ce transfuge, ainsi que sur
tous ceux de son regiment, une
punition exemplaire, & digne de
leur persidie. Vous ne vous opposâ-
ē   *tes*

EPISTRE

1655. *tes pas moins vertement avec l'ar-*
mée Royale à celle de France, forte
de 42. vaiſſeaux, & de 10000.
hommes commandée par le Duc de
Guiſe. De Naples, l'on vous en-
voya au ſecours de Pavie attaquée
par les trois armées de France, de
Savoye, & de Modéne, mais qui à
vôtre jonction (avec 4000. fan-
taſſins & 1200. chevaux) à l'ar-
mée du Marquis de Caracene, le-
verent ignominieuſement ce me-
morable ſiege, où le Comte Galeazo
1656. *Troti Gouverneur de la place em-*
porta une gloire eternelle. L'on
ſçait auſſi avec quelle intrepidité
V.E. chargea à Fonteine Sainte, le
Duc de Biron & le Comte Baiardi,
batant l'un & l'autre de ces Chefs
à plate coûture. Et l'on n'ignore
pas, Monſeigneur, durant le ſiege
                                    de

DEDICATOIRE.

de Valenze avec quel courage vous vous emparâtes de la Colline du Sabion, aprez quatre heures d'un fanglant & rude conflict. Le poſte de Valcava ſuccomba pareillement ſous l'effort de vos armes : il eſt vray que cette gloire vous coûta du ſang, mais il eſt vray auſſi qu'elle marqua en caracteres rouges, l'éclat pompeux d'une action ſi ſignalée. Vôtre ſoin ne fut pas moins exact pour la defenſe de l'Adda, que le Duc de Modéne paſſa à Caſſan, quand le Comte de Vailate fut la cauſe unique de ce funeſte trajet. Ce coup & le Navilio que l'ennemy rompit, porta l'épouvante dans la Capitale du Milanois. Et le Comte de Fuenſaldañe fit choix de V. E. dans une conjoncture ſi épineuſe, pour raſ-

ẽ 2   ſeurer

1658

EPISTRE

seurer cette Ville chancelante, ce
qu'elle executa assez ayfement, puis
que ce grand peuple (dont vous
eftiez l'admiration ainsi que les
delices) s'empreffa à vôtre exemple de fignaler fa bravoure. De
là, comme l'on vid inceffamment
marcher le calme fur vos pas, Pavie, que l'on croioit devoir effuyer
le formidable orage d'un fecond
fiege, reprit à vôtre aspect fa tranquilité ordinaire.

1600.   Mais comme le fracas des armes fut affoupy avec l'ouverture
de la paix, la nation Françoife
admira aux conferences avec quelle
fumptuofité vous portâtes haut la
magnificence de la vôtre. Il eft
1661. vray que cette tranquilité ceffa à
même tems que fa Majeftè vous
donna la conduite de fon regiment
                   - pour

DEDICATOIRE.

pour la conquête du Portugal, fignalant au fiege d'Arronches, ce courage & cette magnanimité qui vous font fi infeparables. Auffi Philippe IV. (qui étoit le moins ingrat des Monarques) vous fit fon Maître de Camp general, & fon admiral des Pays-bas. La Reyne Regente (aprés le funefte éclypfe de ce grand luminaire) continua fon eftime pour vos merites par le Generalat de l'armée Royale, & par ce precieux depôt de l'Infante Imperatrice qu'elle voulut commettre à cette meure experience que vous avez des mers, dans le trajet de Barcelone en Italie. Voicy, Monfeigneur, le foible crayon de la gloire de vos illuftres Progeniteurs, ainfi que de la vôtre. Une main plus hardie en fera quelque

jour

EPISTRE DEDICAT.

jour une plus juste ébauche , &
c'est alors qu'elle s'empressera de
la tracer avec toutes ses couleurs ,
& avec des traits proportionnez
à l'excellence d'un modelle si achevé. Ce sera mon ambition , mais
pour le present je la borne à étre
toute ma vie avec un respect &
une soumission inconcevable

MONSEIGNEUR,

DE V. Ecc.

Le tres-humble , & le tres-
obeissant Serviteur.

P. Ferdinand de Galardi,

AU LECTEUR.

LA longeur de mon Epître preliminaïre, vous eſt ſans doute ennuyeuſe, je l'authoriſe toutesfois par la chaleur que j'avois de ſatisfaire à l'empreſſement de ceux qui demandoient les circonſtances d'un incident ſi merveilleux, & qui n'eſt pas ailleurs deduit ſi pleinement. D'ailleurs n'ayez pas en horreur, un avorton de deux mois : une ſeconde impreſſion peut·être vous donnera moins de degout, & plus d'avidité pour parcourir ces traits politiques.

FAUTES.

Fol. 31. à la marge *lisez* Zurita 5.
Ann. *f.* 47. Ann. 1656. *lis.* 1665. *f.* 102.
lin. 11. de dons *lis.* d'élans. *f.* 137. *lin.* 23.
hommes *lis.* fantassins. *f.* 166. à la marge *f.* 4.
lis. lib. 4. *f.* 194. *lin.* 6. me *lis.* ne. *f.* 215.
& ne treuvant *lis.* ne treuva *f.* 105. *l.* 1. au
bout *lis.* à bout. *f.* 112. *l.* 16. Eduard V.
lis. IV.

TRAITÉ

Touchant l'importance

DES AMBASSADEURS,

des Negociations, des Ligues, & du Retablissement des Ordres Militaires

EN ESPAGNE.

E Lecteur me dispensera, s'il luy plait, si je vais blesser les oreilles delicates, par une narration facheuse, & peu digerée, & si je lasse une patience que j'implore avec soûmission, puis que mon dessein n'est que

A   de

de paſſer ſur un chemin ſi beau
ſans le bâtre dans toute ſon étendüe ; c'eſt une matiere trop ample, & qui demande l'immenſité
des volumes ; auſſi ſera ce un jour
le ſujet de mes veilles, & ſur laquelle je deployeray tout l'eclairciſſement d'un eſprit auſſi foible
que le mien, pour penetrer l'é-
paiſſeur de ces voiles, qui dero-
bent l'eſſence des choſes à la con-
noiſſance des hommes. J'étaleray
alors ce vaſte tableau de maximes judicieuſes, ou imprevoyan-
tes, qui donnerent un bel étre, &
puis des atteintes mortelles à une
Monarchie, à laquelle on a offert
de l'encens avec les parfums de
toute l'Europe, & pour qui toutes ſes puiſſances ont eu une de-
ferance univerſelle, par la conſe-
cration d'un reſpect immuable,
& par l'immolation de leurs interéts.

Fer-

Ferdinand le germe fecond
de cette naiffante & cinquiéme
Monarchie (à laquelle l'Affirien-
né, la Perfane, la Grecque, & la
Romaine firent jour , & cederent en grandeur) étoit un Prince magnanime, & confommé dans
la Politique ; il puniffoit fevere-
ment, & recompenfoit avec profufion. Les charges militaires
fe donnoient à ceux qui avoient
vielly fous les armes. Celles de
la Judicature s'exerçoient avec
pareille juftice, & un exact difcernement des talens & de la portée
d'un chacun. L'Eglife alloit du
méme air , & l'on en conferoit
les benefices regulierement fans
fouffrir ces fimonies couvertes,
que l'on colore fi malicieufement
de refignations tolerables , quoy
que de pacts tres-lucreux les precedent , qui feuls font confentir
les parties à cette efpece de nego-

A 2   tia-

ciations criminelles , & ignomi-
nieuses. Ses Ministres furent in-
corruptibles , & François Ximenes de Cisneros incomparable. Le
revenu opulent de son Archeve-
ché de Tolede étoit distribué à
soûtenir la fortune chancelante
des honnétes gens. Et les sentimens de ce Monarque si prudent,
& de ce Ministre si éclairé, furent
d'intelligence à dresser de grandes forces sur mer , qui sont l'appuy fondamental , & la baze la
plus ferme d'un Etat. Aussi en firent ils des conquétes considerables, & rallierent l'Italie, l'Affrique, & l'Amerique à l'Espagne,
la fortifiant par ces boulevarts in-
expugnables , *a* Mazalquivir, *b* le
Peñon de Velez, *c* Oran , *d* Bu-
gie, & *e* Trypol (dont l'on nous
a enlevé les deux dernieres) qui
tinrent en cervelle les Princes
voisins , jaloux de cette grandeur
naiss-

a Mariana
T. 2.liv. 28.
f. 589. ann.
1505.
b Liv. 29.
chap. 14. f.
638. ann.
1508.
c Chap. 18.
f. 649. ann.
1509.
d Chap. 22.
f. 658. ann.
1510.
e f. 659.

naissante. D'ailleurs ils verserent
par ce même moyen dans le centre de la Monarchie les thresors
les plus riches de ce nouveau
monde, afin que le cœur restant
dans une assiete vigoureuse, &
humecté de ses essences vitales,
il put envoyer sa chaleur naturelle aux membres les plus éloignez
de ce grand corps, & qui en auroient le plus de besoin. Charles V. eut une activité merveil-
leuse : tant d'evenemens heureux
dont il embellit ce grand composé de pieces si detachées, sont asseurement les témoins, irrepro-
chables, & l'effet glorieux de
sa vigilance active, & de son courage intrepide dans les perils. Ny
l'un, ny l'autre de ces grands Princes n'eût aucune foiblesse pour
des favoris, quoy qu'elle soit
si ordinaire à la plus part des Monarques. Ils eurent un discerne-

ment

ment trop judicieux, & leurs ames
étoient d'une trempe trop noble
pour se laisser prendre si honteusement dans leurs cabinets, & pour
souffrir des bassesses de si haute
consequêce. Les graces partoient
immediatement de leurs liberali-
tez. Ils possedoient seuls les cœurs
de leurs sujéts, & ne souffroient
pas ces larcins criminels, que les
Ministres abusans de leur faveur
font assez impudemment à leurs
Maîtres, par la distribution des
charges principales, & des places
les plus importantes de l'Etat.

Mais pour ce qui regarde les
Ambassades & les Negociations,
la conduite en étoit un peu differente. Ferdinand employoit des
Religieux, ou des hommes d'un
merite extraordinaire. Charles
ne confioit ces illustres employs
qu'à des Seigneurs d'une eminente qualité, proportionnée tou-
tes-

tesfois à la grandeur du projet &
du deffein. L'un fuïoit ces vaines
marques exterieures d'une oftentation pompeuse : l'autre aimoit
l'éclat. Si celuy-cy venoit à bout
de ses desseins avec tintamare, &
avec une magnificence fastueuse;
celuy là portoit son coup sourdement, & sans bruit. Tous deux
étoient judicieux dans l'election,
& tous deux fortunez dans l'evenement, quoy que par des maximes un peu dissemblables. Mais
le mal est, que leurs successeurs,
ou plûtôt leurs favoris, se sont
incomparablement plus attachez
aux sentimens de Charles, que
non pas à ceux de Ferdinand. Ils
ont consommé plus des thresors,
mais ils n'ont pas produit de si
grands effets. A la verité ils ont
suivy sa maxime importante dans
le choix qu'il faisoit des grands
Seigneurs, mais ils ne se font pas

toûjours attachez comme luy au
merite & à la capacité. Philippe II. obſervoit un temperement
mixte dans une demarche ſi cir-
conſpecte, & ſous un Roy ſi prudent, les fonctions des ambaſſades
ont été pleinement remplies.

Nani lib. 5.
fol. 301. ann.
1623.

Ferdinand II. envoya des **Re-**
ligieux à la Cour d'Eſpagne, afin
d'y deduire la preſſante neceſſité
de continüer l'Electorat en la
maiſon de Baviere, pour s'acquiter
ainſi des 13. millions de livres
qu'elle avançoit conſtamment d'a-
voir conſommez à l'entretien des
armées auxiliaires en faveur de
Ferdinand, & de la cauſe commune, contre Frederic & la Boheme
revoltée. Ces habiles negociateurs
entrainerent avec facilité dans
leurs ſentimens, ceux des Miniſtres de Madrid, qui n'en repug-
nerent pas au commencement
avec aſſez de vigueur & de la pre-
cau-

caution, que pour y consentir
apres avec plus de foiblesse, &
trop peu d'eclaircissement dans
une affaire de si haute consequence. En effet il étoit bien scabreux
dans cette occurrence si delicate
d'aigrir l'esprit de Jacques Roy de
la grande Bretagne, ulceré déja
par le dethronement de son beau
fils le Palatin, sans le pousser encore à une rupture manifeste, qui
auroit suscité à même tems d'autres puissances sur les bras de
Ferdinand, & outre des démelez
tres-embarassans, un orage plus
affreux que les precedens, que
l'on alloit essuyer avec infaillibili-
té. Puis que le party protestant
qui soûtenoit la cause Palatine,
ne murmuroit pas, que l'on de-
poüillât Frederic d'une préeminence hereditaire; mais le moyen,
(à ce qu'ils avançoient) de souffrir
qu'on l'ôtât aux filz quand ils n'é-

A 5   toient

toient pas responsables des attentats de leur Pere , & d'une invasion, dont leur mere étoit seule
l'instigatrice. Outre celà à quoy
porter Maximilian à ce faiste de
grandeur , & comme en aiguillo-
ner l'ambition, pour la pousser un
jour hors des bornes du devoir,
& peut être dans cette vaste étendüe qu'il rouloit déja dans la téte
fastueusement, sans que l'on ra-
pellât dans l'idée mille fameux
souvenirs sur la grandeur demesurée des sujets, rarement utile , &
souvent pernicieuse aux souverains (j'en ay cent evenemens à la
main que je donneray à la presse,
& je deploieray sur ce point toute
ma politique.) C'étoit l'élever
insensiblement à l'Empire , & luy
en ouvrir l'appetit par une pompe
si éclatante, & dont la France à
peu prés l'ebloüit. D'ailleurs,
comme cette investiture exigeoit
du

dusang, des frais immenses, &
bien des batailles, à quoy n'en pas
tirer toute l'utilité? Et puis qu'il
falloit passer par là, comment
obmit-on la maxime importante
de la conferer, soit à l'Archiduc
Charles, Frere de Ferdinand, ou à
quelque autre Prince de la maison
d'Austriche? Pour l'agrandir par
ce moyen d'une voix elective, qui
jointe à celle des Roys de Boheme, portât le branle infailliblement aux elections à venir. Mais
l'evenement ne verifia que trop la
consequence d'une Politique si
achevée. Car d'abord que Maximilian fut en possession de l'Electorat, il eut de l'ingratitude pour
les bienfaits de Ferdinand, & ce
Prince insensible pour se vanger
pleinement des obstacles, dont
l'Espagne traversa cette eminente
dignité, sonda la France en secret,
& sous main en mandia de l'appuy

pour

pour conduire à bout heureusement ces vastes desseins qu'il ru-
minoit, offrant la jonction de ses
forces avec un attachement inse-
perable aux interèsts de cette
Couronne, puis que c'étoit le fait
de l'un aussi bien que de l'autre,
qu'il restât en possession de ces
lieux qu'il occupoit sur le Rhin,
afin de contre-carrer l'Espagne,&
empécher que cette puissance,
emulatrice de l'autre, ne penetrât
dans le cœur de l'Empire. Aprés
tout Maximilian imita avec exactitude la maniere de Ferdinand
d'Aragon, suivant ponctuellement
ses maximes, quand il porta ses
interests à Londres, où il proposa par le moyen de certains Religieux (dont ce Prince rusé se ser-
voit d'ordinaire afin d'en couvrir
son jeu, & d'épargner les frais
exorbitans des negotiations pompeuses & éclatantes) une forte
ligue

Nani lib. 5.
f. 403. Ann.
1623.

ligue dans l'Allemagne, pour faire
téte avec la France à cette formidable puiſſance de la maiſon d'Au- Nani lib. 7.
ſtriche. Loüis XIII. s'eſt ſervy f. 469. Ann.
1629. auſſi utilement dans des certaines
conjonctures d'Etat du Pere Jo-
ſeph , cet inſtrument propre à
troubler la tranquilité de l'Europe. Mais au lieu d'en faire à ce
Royaume un reproche injurieux,
j'approuve que pour ſoutenir ſes
intereſts, il ait employé un artifice ſi delicat, & un organe ſi merveilleux, pour s'inſinüer dans les
cours étrangeres. Ce ſont de ces
ſortes de gens que j'eſtime propres aux negociations, & capables
de ſurmonter toutes les difficul-
tez qui peuvent s'oppoſer à l'execution des plus grands deſſeins.
Mais comme l'intrigue, & les
traittez de Cabinet precedent ordinairement l'ouverture des campagnes : il ſe void que l'on execute

icy.

icy, ou que l'on evente les deſſeins
que l'on projette meurement en
Cour, & dans la jointe que l'on
y tient ſur la façe des affaires. L'on
y deploye toute l'adreſſe dans l'art
de regner,& l'on y fait choix ſi judicieuſement de ces eſſors merveilleux, qui font joüer, & agir
ces machines d'intelligence, &
d'une conduite tres concertée
dans la Politique. Enfin l'on y
porte, & pare des coups ſelon
l'adreſſe & les regles de l'eſcrime,
& c'eſt là où l'attaquant ſe ſert de
toute la precaution neceſſaire,
afin de prendre par leur foible ces
objects d'une vengeance ſuſcitée,
& ces victimes qu'il immole à ſa
colere juſte & provoquée. Car
ainſi que la ſeule experience d'un
ingenieur habile fait joüer avec
ſucces une mine dont la breche
grande & large, malgré l'effort
mâle des defenſeurs, leur arrache
la

la capitulation d'une place ; &
comme un mousquetaire qui a
vielly sous le harnois, & un archer
expert, portent le coup ordinairement dans le but que l'un &
l'autre s'est proposé ; ainsi un
Ambassadeur achevé donne generalement dans sa visée, & soit par
l'effort d'une eloquence insoute-
nable, soit en étalant avec des
couleurs vives l'image pompeuse de l'interét particulier & publique, ou enfin par une deduction serieuse des evenemens pas-
sez (ces Conseilliers fidelles sur
le biais que l'on doit prendre dans
l'occurrence & dans la revolution de certaines affaires) il est
constant qu'il fait breche dans les
cœurs les plus insensibles, il en-
force les defenses, & nous desar-
me aysement d'une precaution
premeditée, avec tant d'adresse, &
avec une energie si delicate, que
l'on

l'on s'en laisse entrainer inpercep-
tiblement, & des debordemens de
cette espece ne treuvent pas d'obstacles qui en arrétent l'impetuosité. Pyrrhus avoüoit, que Cy-
neas luy avoit gagné plus de Villes par son eloquence, qu'il n'a-
voit fait luy méme par l'effort de
ses armes. Celle d'Epaminondas
porta un grand coup à Lacedemo-
ne, car comme les Alliez de cette
florissante Republique (emulatrice d'Athenes) y eussent envoyé
leurs Ambassadeurs; Epaminondas dans l'assamblée qui s'en fit,
& dans le Senat méme, pour The-
bes, deduisit si pleinement, &
avec tant d'energie, l'Empire in-
tolerable, & par trop tyranique
des Spartiates, qu'il n'en debilita
pas moins la formidable puissance, que par l'echec qu'il leur donna à la sanglante & funeste bataille
de Leuctre.   François I. rendit
cet

Plutar. in
Pyrr.

Epaminon-
dæ eloquen-
tia eluxit
Spartæ: quò
cum omniũ
sociorum
venissent le-
gati, coram
frequentis-
simo legato-
rum conven
tu, sic Lace-
demonio-
rum tyrani-
dem coar-
guit, ut non
minus illâ
oratione
opes eorum
concusserit,
quàm Leuc-
tricâ pugnâ.
*Æmil. prob.
in Epamin.*

Bertius dans
son Com.
d'Allem. lib
3. f. 665.

cet eloge au discernement judicieux, avec lequel Charles V.
commettoit aux siens la fonction
des importante des Ambaſſades,
& ce Prince magnanime, mais
trop infortuné, repetoit souvent
que les artifices diserts de Mathieu Scheyner, Evéque & Cardinal de Sedun, luy avoient plus
nuit incomparablement que les
armées formidables de Charles.
Car à ce qu'il insinüoit, il s'étoit
trouvé en posture quelques-fois
de repouſſer la force par un autre
auſſi vigoureuse, mais le moyen,
disoit-il, de metre en téte au genie
du Cardinal, un autre aſſez habile
qui traversât ses desseins, qui fit
perdre ses mesures, & qui even-
tât ses artifices. J'adjoûteray à
deux hommes si grands que je
viens d'alleguer, un troisiéme dont
la capacité ne fut pas inferieure,
& la negociation auſſi heureuse
que

And. Ma-
xim. Fredro
in Henrico
Valefio à
fol. 63. ad
76.
Herrera Hift
gñal. lib. 15.
f. 543. an.
1573.

que les precedentes. Jean de
Monluc Evéque Comte de Va-
lence au nom de Henry de Valois
Duc d'Anjou agit avec tant d'e-
loquence , s'infinua fi adroitement , & promit fi à propos un
nombre infiny de montagnes d'or
qu'il éluda les Ambaffadeurs fes
rivaux , & facilita une election fi
glorieufe en excluant les fameux
concurrens de fon Maître, Er-
neft Archiduc d'Auftriche fils de
l'Empereur Maximilian II. le
grand Duc de Mofcovie, & le
Roy de Suede. En effet l'artifice
de ce feul homme leur fit effuyer
la honte de voir à leur barbe en-
levée une couronne qui étoit
bien plus à leur bienfeance , étant
Princes voifins & puiffans , & qui
d'ailleurs adjoûtoient des Etats fi
confiderables que les leurs à la
Polongne , quand Henry n'apor-
toit que fa perfonne, fans pouvoir
faire

faire de la France une forte liaiſon avec ce Royaume ſi éloigné, ſoit qu'ayant trop de Potentats en tête, qui en font par terre la ſeparation, l'on s'expoſoit avec riſque à l'ouverture d'un paſſage ſi difficile (comme l'on en void de nos jours manifeſtement une preuve convainquante) ſoit que la France n'ait pas d'armée navale aſſez conſiderable, qui par Dantzik (ville Hanſeatique, & Metropolitaine de la Pomerellie) dans un preſſant beſoin inondât la Pologne de trouppes & d'armées auxiliaires. Mais cet Evêque agit avec tant de force, & éblouït ces eſprits groſſiers par tant d'éclat, & une deduction faſtueuſe d'avantages ſignalez, qu'ils s'en laiſſerent dupper innocemment. En effect Henry apres ſon election, & affermy déja ſur le throne, étant ſommé de tenir aux Polonnois,

ce

Fredro
fol, 103.

ce que son Ambassadeur leur
avoit promis avec tant de profusion, & entre autres choses de haute consequence : de payer les det-
tes de la Republique, de dresser à
ses frais une armée navale, qui
tint la mer Balthique, & une levée
de quatre mille Gascons, sans

Herrera lib.
16. f. 581.

d'autres offres encore assez éclatans; Il répondit avec irrision, que
deux Royaumes comme le leur
ne suffisoient pas à des largesses
si exorbitantes. Mais ce Roy irre-
ligieux & violateur de sa parolle, ne
fut veritablement pas en Polongne, ny en France, apres la mort
de Charles IX. son frere, ce qu'il
avoit fait esperer étant Duc

Tiberius de
stinata reti-
nens consi-
liis & astu
res externas
moliri, arma
procul habe-
re. Tacit. 6.
annal.

d'Anjou, & au siege encore de la
Rochelle.

　　Toutesfois comme, selon le
sentiment de Tibere, les negociations portent un grand avantage,
soit en tenant ses Etas dans une
tran-

tranquilité immuable ; ou en
bouleversant ceux des Princes
ses emulateurs par une guerre in-
testine & malheureuse , avec ce
secret si important de les attaquer
sans effusion de sang, & sans frais,
dans le cœur & au centre de leurs
Etats , abatant ainsi ses fameux
rivaux par leurs propres forces, &
en épuisant insensiblement toute
l'humeur radicale. Je crois de l'essence de ma narration, ainsi que
de la Tramontane de cet ouvrage,
de toucher legeremet avec quelle
facilité , quelle adresse, & quel
éclaircissement un nombre illustre d'Ambassadeurs experts ont
répondu hautement à l'attente
generale des peuples, & à l'approbation particuliere que les Monarques en firent. Comme je
dresse sur le Grand Ferdinand (ce
modele achevé dans la Politique)
le foible effort de mes essais ; j'é-
ta-

taleray ce Monarque ſi éclairé à
la téte d'une foule magnifique, &
pompeuſe de Souverains, qui con-
ſidererét moins la naiſſance, & ces
images faſtueuſes d'une longue
ſuite d'ayeulx , que les talens ne-
ceſſaires , & dont ils firent le ſeul
fond dans la direction des affaires
les plus importantes de l'Etat.
J'y adjoûteray quelques rejettons
ſplendides d'une tige illuſtre, qui
par une emulation noble , & judicieuſe, embellirent toûjours d'un
nouvel éclat , & d'artiſtes traits la
gloire naiſſante de leurs Ancétres
pour la borner dans ſon Non plus
outre, & la rendre enfin dans toute l'etendüe de ſon hemiſphere.
J'en inſinüe que le ſang n'empeche pas que l'on ait des ſentimens
beaux & juſtes : au contraire je
ſoûtiens qu'une belle ame, & qui
loge dans un corps , dont l'extraction l'eleve au deſſus du vulgaire
eſt

eſt d'une trempe aſſez forte pour
ſoûtenir ſon rang, & la peſanteur
enſemble des Ambaſſades.

Ce ne ſont pas des attributs
inſociables que la haute naiſſance,
& une conduite conſommée au
fait des negociations : les annales
dans chaque ſiecle ſucceſſivement
en peuvent rendre un témoigna-
ge irreprochable. Mais il eſt conſtant auſſi que les Souverains ont
employé plus ſouvent une extraction mediocre, pourvû que le
fond répondit à l'attente generale, que non pas ceux qui n'é-
toient conſiderables que par ce
vain dehors de Grandeur. En
effet pour prendre mes meſures
par le vray Zenith de mon ou- Zurita 5.
vrage, je diray que frere Jean de annal. lib. 1.
Mauſeon, & Jean d'Albion ſous f. 6. Ann.
le Grand Ferdinand s'inſinuerent 1492.
ſi adroitement dans l'eſprit de
Charles VIII. qu'ils luy perſua-

derent

derent avec facilité cette restitu-
tion importante du Roussillon,
& de la Cerdaigne, deux pieces de
la derniere consequence, que Jean
II. Roy d'Arragon *a* engagea si
malheureusement à Loüis XI.
pour une somme miserable de
300. mille écus; & que Ferdinand
reunit à la couronne par un simple
traitté de confederation *b* dont la
rupture de Charles le dispensa
aussitôt pour suivre ses veritables
interéts, qui estoient alors ceux du
S. Siege, de Maximilian, de Frederic & Henry VII. Roys de
Naples, & d'Angleterre, de Loüis
Sforze & de Venise. Les negociations tres-utiles de Jaques Ma-
daleno, & d'Anthoine de la Peña
aupres du Roy D. Jüan de Portugal

a Traite fait
à Olite l'an
1462.
Mariana ne
dit que 200.
mille écus:
& un se-
cours de
700. hômes
d'armes T.
2. lib 23. f.
334.

b Marian
lib. 26. f.
454. Traité
fait à Nar-
bone ann.
1493.

Verùm Joan
nes Gallo-
rum pecu-
niis, atque
auxiliis op-
portunè ad-
jutus, bello-
que ex sen-
tentiâ con-
fecto, cùm
post aliquot
annos collectâ atque oblatâ eâ pecuniæ summâ, op-
p da redimere vellet, surdas Ludovici aures semper
invenit, qui opportunitáte ejus regionis maximè cap-
tus, parùm sinceá fide veteris pacti conditionem quo
minus ea restitueret, multis juris cavillationibus invol-
vebat. Jov. 1. Hist. an. 1462.

...tugal (l'un & l'autre de l'ordre de S. Dominique) exigent un autre lieu. J'y reserve *a* D. Alonso de Silva, & *b* D. Iñigo de Cordüa, freres des Comtes de Cifuentes, & de Cabra, qui agirent tres-judicieusement auprés de Charles VIII. & à Rome selon les regles de leur fonction. C'est là même où j'étaleray avec tout leur éclat *c* Jean Ram, & *d* Michel Jean Gralla, qui se signalerent glorieusement dans cet employ auprés d'Alphonse Roy de Naples, & de Loüis XII.

Antoine de Fonseca merite une reflexion particuliere, moins de bornes, & quelque relache à cette deduction que je fais si resserrée d'actions grandes & judicieuses. Serieusement si les Romains portent si haut *e* C. Popilius Lænas, parce qu'il renferma intrepidemment Antiochus Roy de

B   Syrie

Margin notes:

Zurit. 5. annal. lib. 1. f. 35. ann. 1494.
a Fol. 38.
b Lib. 2. fol. 157. an. 1496.

c Fol. 52.
d Lib. 4. fol. 232. Ann. 1501.

e Quam efficax est animi sermonisq; abscisa gravitas! eodē momento Syriæ Regnium terruit Ægypti texit. Val. Max. lib. 6. cap. 4.

Syrie dans la circonferance d'un cercle qu'il fit de fa bagette fur le même lieu , luy marquant la neceffité invincible de répondre cathegoriquement , & avant qu'il en fortit, fur le defarmement que Rome pretendoit en faveur de Ptolomée Roy d'Egypte. Avec combien plus de juftice, l'Efpagne cette fource feconde d'ames heroïques, & qui produifit une de même trempe, ne doit elle pas cizeler dans le porphyre l'eloge que merite l'intrepidité dont Antoine de Fonfeca foûtint même fonction. Car pour eloquent qu'il étoit, n'ayant fçeu par fes raifons vives & éclatantes detourner Charles VIII. de fondre directement fur Alexandre VI. que fon maître appuioit fortement dans la refolution de le foûtenir de toutes fes forces (comme étant la baze folide & unique des Pontificats

Marginal notes:

Fol. 54. ann. 1495.
Mariana T. 7. lib. 26. f. 462. Ann. 1495.
Coram Rege & proceribus qui in conventu aderant initi antea fœderis tabulas laceravit.
Guic. lib. 2. f. 47. Ann. 1495.
Antonius Fonfeca Hifpanus vir bello & pace clarus P. Jovius 2. Hift.

...ats, & qui comme ſi Catholique
...endit ſon zele hereditaire dans
...ſucceſſeurs glorieux & augu-
...) il treuva ce conquerant in-
...xible, & dans l'empreſſement
...fort de ſuivre le droit des ar-
...mes, & ſa fortune qui luy rioit
...pleinement. A ce coup inopiné,
...& à tant d'orgueil, Antoine ſentit
...enfler d'une noble fierté, la pa-
...tience luy échapa, & uſant de ſon
...aractere inviolable, il dechira la
...capitulation en pleine aſſemblée,
...& dit hautement : que ſon maître
...renonçoit à une confederation
...que Charles avoit jurée trop ſain-
...tement pour la tenir ſi mal, &
...pour l'enfraindre avec tant d'éclat
...& d'injuſtice.

...La vigueur mâle d'une action
...hardie & neceſſaire dans cette
...occurrence, eſt d'autant plus ſur-
...prennante, qu'elle ſe fit dans un
...ſiecle où la vertu rigide étoit

B 2

de-

degenerée aucûnement de la severité de nos ancétres. Il eſt vray
que Florence produiſit à peu prés
un evenement ſemblable, quand
Pierre Capponi s'oppoſa vertement à ce méme Roy, & quand
d'un air fier & hautain l'enviſa-
geant, il dit à Charles (qui de haute lutte, & par menaſſe attentoit à
la liberté de cette Republique)
prennant en main le traité pour
l'immoler (comm'il fit) à ſa juſte
vengeance, SI VOUS FAITES
BATRE VOS TAMBOURS,
SIRE, NOUS FERONS SON-
NER NOS CLOCHES. * Iean
Zborovius uſa de méme droit,
quand il proteſta tres-conſtam-
ment à Henry de Valois immediatement apres ſon election au
Roy

Carlo mi-
nacciando
diſſe: jo farò
dare nelle
trombe : &
Pierro Cap-
poni ſtrac-
ciando la
copia de'ca-
pitolationi
che teneva
in mano, riſ-
poſe: Et noi
faremo dare
nelle cam-
pane. Jaco.
Nardi Hiſt.
Fior. lib. 1.
f. 15.
Egli con ge-
ſti impetuo
ſi, tolta di-
mano del
Segretario
quella ſcrit-
tura, la ſtrac
ciò innanzi
à gli occhi
del Re, ſog-
giungendo
con voce
concitata :
Poiche ſi dimandano coſe ſi dishoneſte VOI SONERET
LE VOSTRE TROMBE , ET NOI SONEREMO LE NOSTR
CAMPANE. Guicc. Hiſt. d'Ital. lib. 1. f. 32. ann. 1494. Petru
Capponius indignat undus libellum conſcripti fœderi
palam concerpſit, addens clarâ voce, poſtquàm Gal
vi agere . atque impotenter contendere vellent, non d
futuros, qui campani a ris ſonitu, tubarum cantibus eſſen
reſponſuri, Jovius lib. 1. Hiſt.* Fredrof. 117. ann. 1573.

Royaume de Pologne, s'il con-
travenoit à ce qu'il leur avoit
promis ſolemnellement, que l'on
ne le reconnoîtroit auſſi pas pour
Roy.

Mais à quoy miandier chez les
étrangers des exemples que nôtre
nation Eſpagnole fournit avec
tant d'abondance? Rallions nos
heros en ce point ſi magnanimes,
& n'ayant fait de Capponi & de
Zborovius qu'une parentheſe
diffuſe, renoüons les avec juſteſſe.
Garcilaſſo de la Vega emporta à
Rome l'approbation publique,
quand ſans s'effrayer, il remontra
Religieuſement à Alexandre VI.
les devoirs du Pontificat, &
qu'il s'emancipoit avec trop de
debordement à cette indulgence
ſi pernicieuſe pour Cezar Borgia
ſon fils, & dont ſes ſucceſſeurs ne
ſe depoüillerent aucunement en
faveur de leurs néveux. C'eſt l'air

Zurita lib. 1.
f. 34. 1494.
Garciam
Laſſum pru-
dentiâ juxta
& nobilitate
virum con-
ſpicuum,
facundum,
callidum,
andacem,
Romam
miſit, *Ma-*
rian. T. 2.
lib. 26. cap.
6. f. 458.
Ann. 1493.

B 3

l'air fatal qui a élevé à ce faiste
d'eminence les Medicis, les Far-
naises, les Aldobrandins, les
Caraffes, & les Barberins. A la
verité ceux de ces deux maisons
dernieres en ont poussé leur ambition dans toute son étendüe, car
pour l'assouvir pleinement, & pour
s'agrandir des debris de quantité
d'autres, ils porterent funeste-
ment soûs Paul I V. & Vrbain
VIII. la combustion dans l'Italie,
abusans arrogamment de la tendresse des oncles : qui en ce point
imiterent tres mal l'austerité
sainte de Marcel, qui renvoya sa
mere, & luy dit, qu'il ne la cônois-
soit pas, à cause qu'à son assomp-
tion au Pontificat, elle le vint
voir avec de la pompe, & non pas
soûs les habits, qu'elle avoit dans
l'indigence, & pendant encore le
Cardinalat de son fils. Lorenzo
Suarez de Figueroa, frere de
Gar-

Garcilasso, agit si sourdement à Venise qu'il conclut avec cet Auguste Senat & son Duc Bar-baric, pour éclairé qu'étoit Phi-lippe de Comines, cette ligue si vigoureuse qui devoit rendre son ancien lustre à l'Italie, & en raffermir la liberté chancelante, par l'expulsion des perturbateurs de la tranquilité publique.

Mais descendons un peu plus bas, quittons Ferdinand, ou éplu-chons le plutôt à peu prés tout entier metempsycosé dans Char-les son petit fils. J'ay avancé l'estime qu'il fit du Cardinal de Sedun, & l'avantage qu'il en tira. Marc Anthoine Musetlor ne le servit pas moins, & quoy que sim-ple Senateur Neapolitain, il re-concilia avec energie à Viterbe l'Empereur son Maître & Cle-ment VII. avant ce tems là si ulceréz l'un contre l'autre. Char-

B 4   les

(marginal notes)
Lib. 2. f. 63.
1495.
Guic. lib. 2.
f. 47.

Elle fut ap-pellée la tres sainte. Pour eux, & leurs suc-seurs, l'ar-mée devoit être de 34000. che-vaux & de 28000. fan-tassins à proportion de leurs forces.

Sandoval. lib. 17. chap. 23. Ann. 1528.

Lib. 11. f.
498 ann.
1522.

les gagna par le moyen d'Hierôme Adorno, homme d'un efprit
admirable, George Cornaro, qui
porta le Senat de Venife à la con-
clufion de cette ligue fi nombreu-
fe pour la defenfe de Sforze , &
contre les infultes des François;
à laquelle outre Henry VIII. &
Ferdinand Archiduc d'Auftriche;
foufcrivirent avec empreffement
à peu prés tous les Potentats de
l'Italie, Adrien VI. François
Sforce, le Cardinal Jule de Medici
Venife , Florence , Sienne , Luc-
ques , Gennes , & le Marquis de

Lib. 15. f.
654. 1626.

Mantoüe. Le Duc de Seffe , il-
luftre rejetton du Grand Capitaine , Conquerant du Royaume
de Naples , s'oppofa avec un
éclairciffement inconcevable aux
traits injurieux de Clement VII.
eventant heureufement ces def-
feins fi pernicieux pour fon maî-

Lib 31. f.
47. 1551.

tre. D. Jüan Manrique de Lara
tra-

travailla avec succez auprés de Jules II. pour la tranquilité de l'Italie, que Henry II. Roy de France, & Octave Farnese Duc de Parme troubloient si funeste-ment. Garcilasso de la Vega fils de Pierre Lasso conjoinctement avec Ferdinand Ruiz de Castro Mar-quis de Sarria, qui étoit à Rome avant luy, y fit intrepidemment cette fonction pour les interets de Charles, baissa l'orgueil de Paul IV. qui méme s'emporta jusques à là, que de le mettre en arrét, violant ainsi le droit sa-cré des Gens & des Ambassa-deurs.

Lib. 32. f. 197, 1555.

fol. 213.

Philippe II. employa avec l'utilité que l'on sçait le Grand Christophle de Moura pour la conquéte du Portugal, que l'elo-quence de ce Ministre si habile avança bien plus, que non pas l'ar-mée formidable avec laquelle le

Conn. dell' union de Port. lib. 5.

Faria Epit. de Port. part. 3. f. 563.

B 5 Duc.

Duc d'Alve l'entreprit, pour experimenté, & glorieux Capitaine qu'il fut. Ce qui pouſſa Philippe à ſoûhaiter tres ardement, à l'imitation de Darius ſes Zopires, autant de Mouras que la grenade, qu'il tenoit fortuitement, avoit des gráins : & luy dit fort obligeamment, qu'il luy donnnoit les clefs de Lisbonne, que le Duc d'Alve venoit d'envoyer, puis qu'on luy devoit la reduction de cette ſuperbe capitale, avec celle du Royaume entier. Bernardin de Mendoze étala l'abregé de la Politique en Anglèterre. Le Comte de Luna D. Claudio Fernandez Vigil de Quiñones ſçeut bien ravaler au Concile de Trente cette prééminence orgueilleuſe dont la France depuis ſi long tems s'attribüe la poſſeſſion par une ſuite ſi continüe de tant de ſiecles. En effet il obtint un lieu tout particulier, qui

ſe-

Herod. lib. 3

Tomad las vos porque à vos ſe devenellas. *Man. Far. Epit. de Port.* 4. *part.*

Camd. part. 3. f. 535. ann. 1584.

Pierre Soav. Con. de Trente liv. 8. f. 663. an. 1563.

selon le sentiment d'un chacun, fut réputé le plus honorable, & le plus glorieux dans cette occurrence.

A la verité nôtre nation soûs des Souverains si éclairez, & qui faisoient un choix si exact des Ministres, pour remplir les charges les plus importantes de la Robe & de la guerre, eurent une raison tres forte de dresser dans la grande place du Palais de S. Dominique (ville qui fut pillée de la flote Angloise sous le Comte de Carlile) l'embleme d'une ambition vaste & sans bornes, par les armes qu'ils erigerét de leurs Monarques si grands, avec l'univers subjugué, d'où sortoit un cheval qui foulant des pieds de derriere une boule de bronze, tenoit ceux de devant en dehors, & elevéz dans l'air; avec cette inscription fastueuse, quoy que reserrée dans la mo-

Camd. 3. part f. 584. Ann. 1585.

modeftie, fi l'on confidere avec quel concert, & quels efforts fi judicieux l'on dirigeoit le vafte poids de la Monarchie. NON SUF-FICIT ORBIS. *Un monde ne me fuffit pas.*

Sous Philippe III. D. Alonfo de la Cueva, Marquis de Bedmar, Ambaffadeur de Venife, par cette intelligence profonde au fait de de l'Etat, compofa ce fameux Triumvirat avec D. Pedro Giron Duc d'Offune Vice-Roy de Naples, & D. Pedro de Toledo Marquis de Villefranche, Gouverneur de Milan. L'Italie en reçevoit des loix, & Venife à peu prés fuccomba aux fecouffes d'une adminiftration fi circomfpecte. D. Pedro de Toledo baiffa fpirituellement cette bravade orgueilleufe de Henry IV. qui luy dit, qu'il fe rendroit dans peu de jours maître de Pampelone. D.
Pedro

Nani lib. 3. f. 187. ann. 1618.

Pedro tourna téte à méme tems pour fortir precipitemment, & quand Henry luy en demandoit la raifon, il répondit bizaremment qu'il alloit l'y attendre pour fe metre en pofture d'en faire avorter le deffein. Cet autre trait ne fut pas moins delicat, quand ce méme Henry le Grand luy dit qu'il fe verroit bien tôt dans Madrid méme: mais D. Pedro parant cette Rodomontade avec une modeftie malicieufe, avança, qu'il ne s'en étonnoit pas, puis que François I. y avoit bien été, infinuant qu'il pouvoit facilement effuyer méme fort que luy. Le Comte d'Oñate de concert avec les Archiducs Ferdinand & Maximilian, s'oppofa intrepidement aux attentats injurieux de Melchior Cardinal Clefelius; cet ennemy couvert qui trahiffoit les veritables interets de la Maifon d'Au-

Perefix. dans Henry IV. f. 426. ann. 1608.

Nani lib. 4. f. 199. ann. 1618.

d'Auſtriche, & qui abuſoit trop
inſolemment de la facilité avec
laquelle Mathias ſon maître portoit ſes chaines, & reveroit ſes
loix. Son enlevement en plein
jour, & ſon arrét dans Inſpruch
finirent cette ſuite de maux, dont
il étoit la ſource funeſte & malheureuſe.

Nani lib. 5.
f. 301. ann.
1623.

Sous Philippe I V. le Comte
de Gondemar par une vivacité
d'eſprit inconcevable méloit judicieuſement l'enjoüement au
ſerieux. Ces qualitez inſinuantes,
adjoûtées aux autres de cette nature, luy acquirent l'amitié de
Jacques, & de Charles ſon fils
Prince de Gales. Ils en furent ſi
fortement préoccupez, qu'ils ap-
plaudirent à l'ouverture que Gondemar leur fit d'un voyage à la
Cour de Madrid, pour en ramener l'Infante ſon épouſe (à ce
que le Duc de Lerme en avoit
aſ-

asseuré le Baron d'Igbi leur Ambassadeur.) Ce Prince partit travesty par la France, accompagné de
Buequingam, qui par un prodige
étonnant étoit à méme tems le
favory du Pere & du fils, & qui
gagné par Gondemàr poussa l'un
& l'autre à cette action surpre-
nante, qui remplit l'Europe d'admiration, & de jalousie. Car
dans quels annales est ce que l'on
treuve un exemple approchant à
celuy-cy? puis qu'un Prince
unique, fils de Roy, & heritier
d'un Royaume, s'exposa aux perils
d'une resolution, qui presque
toûjours coûta des arrêts, des
emprisonnemens, & des sommes
immenses aux Princes qui passe-
rent par les Etats d'autruy. D'ailleurs Charles alloit luy même se
rendre ôtage plutôt qu'époux
dans une Cour, émulatrice en
religion, & en matiere d'Etat de
celle

celle de Londres, pour y porter
ses encens, & son cœur pour vi-
ctime, afin d'en impetrer en
suppliant une femme, qu'il vouloit couronner, & l'associer au
throne. Mais le peu de discernement de nos ministres firent avorter l'attente que l'on avoit conçeu d'un mariage si utile. Il est
vray que ny la diversité de religion, ny le mépris que l'Infante
eut pour la personne de Charles
(l'interest d'Etat en leve les
obstacles avec facilité, & l'on
treuve de certains milieux pour
en venir à bout, d'ailleurs ce
Prince par une lettre de sa propre
main en écrivit au Pape) ne contribua pas tant à cette rupture,
que le peu d'estime que l'on fit
de Bucquingam, cet esprit fier, &
ambitieux que l'on obmit de
parfumer d'un vain dehors, &
d'un accüeil obligeant. Aussi en
fut

fut il aigry sensiblement, & il
porta aussi-tôt Charles à s'en retourner avec de la precipitation
en Angleterre, où l'on conclut immediatement le mariage
d'Henriette de Bourbon, sœur de
Loüis XIII. Mais comme Gondemar vid ses desseins eventez par l'e-
mulation, & l'imprevoyance peut
être d'une ministre moins éclairé
qu'il n'étoit, & comme l'affaire
se disposoit à une guerre ouverte
entre les deux couronnes, il se-
ma avec adresse une si forte jalousie entre Jacques, & le Parle-
ment assamblé, pour nous la declarer, qu'il en empécha heureusement la funeste suite : car outre
ses intrigues & menées, où il
reüssissoit avec avantage, il se
servit de l'ombrage fatal & mu-
tuel que les Roys ont d'ordinaire
pour les Parlemens unis, & dont
ceux cy ne sont pas exemts pour
leurs Roys arméz.

fol. 318, an.
1624.

Le Marquis de Mirabel gagna la moitié de la Cour de France, & il y en eut fort peu qui refifterent aux charmes éclatans de l'or & de fon eloquence.

Nani lib. 8. f. 505. Ann, 1630.

Le Comte de la Rocca ne doit rien en ce point aux plus habiles Miniftres de fon fiecle.

Brufoni lib. 2. f. 77. an. 1633.

Florence, Modéne, & Parme l'écouterent avec applaudiffement fur la mediation que l'Efpagne avançoit pour l'affaire de Caftro, mais que les Barberins reculerent avec opiniatreté. Tu-rin l'admira, & Venife en fuite.

Nani lib. 12. f. 828. ann. 1642.

Dom Francifco de Melo, gagna François Duc de Modéne par l'evacuation de Correggio, & ce Prince pour un benefice fi fin-

Nani lib. 10. f. 624. ann 1635.

gulier promit (fous la conduite de Rinaldo fon frere) 3000. fantaffins pour la defenfe du Milanois. Ce miniftre avant celà renoüa auffi par un trait habile Charles Ema-nuel à la Republique de Gennes

Brufoni lib. 2, f. 93. an. 1633.

dans

dans la chaleur même de leur rupture.

Jean Vives & D. Diego de
Saavedra en Italie, & en Allemagne porterent haut les interets
de leur maître, & ce dernier par
la *Couronne des Gots*, & de ſon *Idée
Politique*, s'eſt dreſſé luy même
ce bronze immortel, où il a
gravé les caracteres ineffaçables
d'un eclairciſſement univerſel, &
d'une intelligence incomparable.
Outre les ſervices importans que
le Marquis de la Fuente rendit
à la Couronne, il s'oppoſa judicieuſement aux troubles, que le
Comte d'Argenſon s'empreſſoit
de ſuſciter en faveur de la France,
deduiſant la vaſte ambition de la
Monarchie d'Eſpagne avec le
turbulent projét du Marquis de
Caracene, & de Charles II. Duc
de Mantoüe, unis tres-parfaicte-
ment pour la recuperation de
Cazal.

Náni lib. 4.
f. 254. ann.
1621.

Bruſoni lib.
20. f. 659.
ann. 1652.

Cazal. Mais l'impreſſion que ces
raiſons alloient ſuſciter, fut d'a-
bord effacée par d'autres ſupe-
rieures incomparablement & par
quantité d'exemples que le Marquis allegua avec netteté ſur la
moderation, & avec quelle liberalité l'on donna, ou reſtitua tôû-
jours dés Etats tres-puiſſans aux
Princes de l'Italie. L'Iſle de Ze-
phalonie aux Venitiens mémes, le
Comté d'Aſt aux Ducs de Savoye, Plaiſance aux Farnaiſes,
Sienne à la Toſcane, Mantoüe à
Charles; il adjoûta qu'il oſoit leur
aſſeurer conſtamment que l'on
en uſeroit de méme avec Cazal
(ainſi que l'evenement le verifia)
pour une marque éclatante, que
l'Eſpagne ſe contente du ſien ſans
qu'elle veüille s'agrandir par des
invaſions, imitant en ce point des
Monarchies moins ſcrupuleuſes;
qui en ſont en partie compoſées.

Le

Le Comte de Peñarande acheva ses Ambassades avec une approbation generale, & il eut dans la pleni-potence de Munster pour adjoint Frere Joseph de Bergaigne Evéque de Bolduc, & successivement Archevéque de Cambray, qui fit voir de nôtre siecle un foible reste de la maxime de Ferdinand, ayant été le troisiéme avec Frere Bonaventure de Calatagirone, & * le Pere Ney qui porterent le caducée de la Paix & firent à Munster, à Vervin & à la Haye au Laurier succeder l'Olive.

Don Francisco de Moura. Marquis de Castel Rodrigo à l'âge de vingt & deux ans remplit d'admiration la Cour Imperiale y portant avec tant d'éclat les interêts de son Maître, particulierement quand dans Vienne méme il fit ces levées nombreuses, qui em-

* Lingua promptus, & quamquã haud ignarus aulæ, nam & Hispaniam viderat, & Bruxellis magnis negotis immixtus vixerat, apertum quale Belgis ingenium præferens ; vitæ etiam professione adversus pudorem munitus, nec repulsæ, nec contumeliæ admodum metuens. *Grot.* 16. *Hist. ann.* 1607.

empecherent fortement la chute
precipitée des Pays-bas. L'Allemagne entiere & la France emulatrice avoüerent l'election de
Ferdinand , l'ouvrage unique de
ses mains, & un trait judicieux de
sa Politique. Dom Estevan de
Gamarra s'est insinué avec tant
de facilité dans l'esprit ouvert des
Hollandois , qu'on le consulte
plutôt comme un oracle, que non
pas pour ce qu'il represente effe-
ctivement: cette nation en fait ses
delices, & l'estime en est incomparable, ce qu'elle témoigna hau-
temét dans le rencontre inopiné
de cet Ambassadeur habile , avec
le Sieur de Thou, qui à la Haye
faisoit méme fonction pour la
France ; le peuple se declara en
faveur du premier , quoy qu'ennemy dez si long temps, contre un
Prince amy & confederé , qui
appuya toûjours tres-fortement
leur

leur rebellion, & à qui en partie
avec l'Angleterre ils doivent
asseurement cette grandeur naif-
sante & formidable, qui s'est erigée depuis si heureusement en
Republique. Et comme il est tres
important pour le fait des Ambassades d'envoyer des personnes
pour qui les Princes, avec les
quels l'on veut agir, n'ayent pas
de la repugnance (ainsi que François I. en usa avec le Pape Leon
X. par le moyen d'Antoine Marie Palavicin, qu'il envoya à
Rome) nos ministres n'obmirent
pas une maxime si utile, & pesant
judicieusement cette qualité, outre celles que le Comte de Mo-
lina possede avec avantage pour
l'eminence de cet employ, Philippe IV. le choisit, afin de porter
ses interets à Londres auprés de
Charles II. Roy de la grande Bretagne; où cet Ambassadeur s'est

Guicc. lib.
12. f. 354.
ann. 1515.

Ann. 1656.

ac-

acquis ſi obligeamment l'eſtime de ce grand Monarque, avec celle des Seigneurs, & du peuple uni-verſellement, qu'on l'y traite plu-tôt comme originaire de ce Royaume, que non pas en étran-ger. Ce qui fait que le Duc de Verneüil & le Sieur de Courtin en conçeurent de l'ombrage, & une jalouſie aſſez grande qui apporta du prejudice à leur nego-ciation.

Fumée Hiſt. d'Hongrie lib.8.fol. 249.

George Hoſſute déploya pour l'Empereur Maximilian auprés de Solyman toute la Politique. Et ces peuples ſi barbares, & qui obſervent ſi mal l'employ ſaint, & ſacré des Ambaſſades, reſterent extaſiez à la deduction que cet homme ſi habile fit des interets de ſon Maître.

P. Jov. 1. Hiſt.

Philippe de Comines pour Charles VIII. & Loüis XII. donna des marques eternelles
d'un

un eclaircissement tres consommé dans l'art des negociations.

L'Evéque d'Acqs au nom de
Charles IX. obtint à Constan-
tinople, que le grand Turc appuyât Henry Duc d'Anjou son
frere pour l'Election de la Pologne. Paul de Foix Evéque de
Tholose, tres versé en la langue
Latine, & grecque, remplit dignement pour Henry III. les Ambassades d'Ecosse, & d'Angleterre. Il agit aussi vertement auprés
divers Princes en Italie, & menagea à Rome & dans Pamplone les
interéts de la France.

Les Cardinaux du Perron &
Ossat laisserent à la posterité les monumens eternels d'u-
ne haute conduite, & d'une
gloire immortelle. * Pompone de Bellievre, acheva ses negociations avec une dexterité
admirable. Il s'insinuoit facile-

C   ment

De Nöuail-
les.
Herrer, T.
1. lib. 14. f.
492. ann.
1572.

* Bellevræ-
um ad ar-
dua quæque
allegari fo-
litum, quip-
pe folertem
morumque
ac tempo-
rum impri-
mis callu-
dum; ad fi-
mulanda ne-
gotia mirè
compositū,
nec minus
aliena arca-
na, dexteri-
tate inob-
fervabili pe-
netrantem,
quàm fua
opportunè
condentem
Strad. in
Parm. T. 2.
lib. 4.

ment dans l'amitié des Princes, &
enſeveliſſoit ſous les voiles d'un
miſtere religieux les ſecrets du
cabinet , penetrant avec adreſſe
dans ceux des Cours Etrangeres.
La Cannaye Freſné fut dans l'admiration des ſiens, & ſes ouvrages
parlent diſertement en ſa faveur.
Jeannin ſous Henry IV. fut incomparable. Madrid & la Hollan-
de adjoûterent leurs applaudiſſemens à ceux dont la France en-
cenſa la capacité extraordinaire
& l'intelligence profonde de ce
Preſident ſi auguſte. Le Sieur de
Marcheville à la Diete de Mul-
hauſen en la Turingie (où les
Electeurs crurent métre des bornes à la vaſte puiſſance de Ferdinand) agit avec ſuccez pour la
France, & ce fut là où il gagna
celuy de Treves, ſource funeſte
d'une guerre ſanglante de 25.
années entre les deux Couronnes.

Nani lib. 6.
f. 405. ann.
1627.

Je ne veux rien dire icy avec
laquelle dexterité le Sieur de Na-
nouilles persuada la neutralité à
Gennes entre l'Espagne & la
France. J'obmets avec la méme
precipitation, que le Sieur de Bellievre noüa tres-étroitement
aux interéts de son Maître ceux
de Victoire & de Charles, l'un &
l'autre Ducs de Savoye & de
Mantoüe, & qu'avant eux encore le Sieur de S. Chaumont
gaigna le Marquis Striggio favory de Vincent Duc de Mantoüe, & le dernier des Princes
Italiens de Gonzage. D'ailleurs
quelques ministres aussi-habiles
que les precedens, par le moyen
du Comte Fabio Scoti porterent
Eduard Farnaise, Duc de Parme
& de Plaisance, à une guerre qui
luy fut si ruineuse. Le Chevalier
de Gremonville, & les Comtes
d'Argenson Pere & fils se suc-

C 2   ce-

Nani lib. 9.
f. 601. ann.
1635.

Lib. 10 f.
622. & 624.

Lib. 7. f.
416. ann.
1627.

Lib. 10. f.
660. ann.
1630.

Brusoni lib.
13. f. 639.
ann. 1651.

cederent immédiatement à Vendôme, & le dernier de ces Ambassadeurs avant celà agit avec bien de l'éclaircissement à Turin, à Parme & à Mantoüe.

Bruf. lib, 2. f. 81. ann. 1634.

Claude Marini bany de Gennes attira Charles Emanuel dans le party de la France, & divisa entr'eux les depoüilles de cette Republique; de maniere que la Capitale & toute la Riviere jusques à Savonne, fut adjugée à Loüis XIII. & Charles eut ce qu'il

Lib. 1. f. 23. 1629.

restoit jusques à Villefranche à le Sieur de la Lande donna des traits d'une haute prudence auprés des Princes de l'Italie. De Lionne (Marquis de Berny) à la Diete de

Lib. 1. f. 54. ann. 1630.

Nani lib. 8. fol. 529, an. 1630.

Ratisbonne, joint au Pere Joseph Capucin, confident unique de Richelieu, & qui étoit aussi rusé que luy, fit consentir Ferdinand au traité de Chierasco si injurieux au Duc de Mantoüe, & aux interests

des

d'Espagne. Et fit durant son Ambassade à Rome, que Christine Reyne de Suede changeât inconstamment l'écharpe rouge en la blanche, avec un ressentiment si vif de la Monarchie d'Espagne, & apres des millions prodiguez inutilement pour cette Princesse ingrate. Abel Servient (ce grand Emulateur d'Avaux) se trouva avec utilité au traité de Chierasco, & fit consentir Victoire Amedée à ce depost tant avantageux pour la France, de Pignerol, Perouse & de S. Brigitte, outre Suze & Avigliane, dont elle avoit déja la possession; & ce Duc par un coup peu confit dans la Politique vendit Pignerol & Perouse à Loüis XIII pour une simple obligation dont il se chargea de payer les 500. mille écus, que Savoye devoit à Mantoüe, en suite du partage plus ample qu'ell'eut du Monferrat.

Brusoni Lib. 28. fol. 800. ann. 1656.

Lib. 1. f. 68. ann. 1630.

Nani lib. 8. f. 552. ann. 1631.

C 3

ferrat, & au quel pourtant il ne
satisfit jamais , deduisant cette
somme de haute lutte sur les frais,
qu'il avoit fait dans la defense de
la Savoye; contre cette profession
inviolable que la France porte si
haut, & qu'elle observe si mal , de
ne verser son sang , & de ne pro-
diguer ses tresors , que pour la
defense de ses alliez, & pour la
seureté de leurs places. Serieusement Victoire ne se souvenoit
pas du sentiment de l'Empereur
Valentinian , & dont Elisabet
Reyne d'Angleterre étoit elle
méme, quand elle repetoit inces-
sament ; *Ayez le François pour
amy , mais non pas pour voisin.* Le
Sieur de Vautort, à cause de son
intelligence au fait des affaires de
l'Allemagne, acheva cet employ
avec satisfaction à Ratisbonne.
L'Evéque de Beziers quita Venise pour la Pologne, afin d'y fo-
menter,

Camd. r.
part. f.73.

Brusoni lib.
21.fol.693.
ann. 1653.

menter une guerre funeste & inte-
stine, où Cazimir (peu sensible
à la honte qu'il essuya au bois de
Vincennes étant Prince libre &
independant) se laissoit entrainer
aux violences que la Reyne, & le
grand Chancelier, ébloüis de l'or
de la France, faisoient sur son esprit doux & benin, le poussant
malheureusement à changer ce
Royaume electif en hereditaire :
mais le Grand Marechal Lubo-
mirski s'y opposa trop vigoureusement pour n'en pas faire avorter
le dessein, étant soûtenu d'ailleurs
par la noblesse, & par l'armée
confederée, qui defendoit avec
intrepidité les loix municipales
du Royaume. Le Chevalier de
Trelon travaille encore avec succez aux affaires du Nort, Stocholm, & Copenhague, Capitales
de la Suede, & du Dannemarc,
l'ont comme alternativement.

Guil-

Camd. 1.
part. f. 132.
ann. 1563.

Guillaume Baron de Paget,
universel en toute science, &
Ambassadeur d'Henry VIII. vers
l'Empereur Charles V. & François I. Roy de France : son integrité jointe au grand fond que l'on
en pouvoit faire, fut un motif
tres pressant pour le declarer un
des Curateurs d'Edouard VI. qui
le fit Chancelier du Duché de
Lancastre, Grand Oeconome de
son Hôtel, adjoûtant à ces marques si obligeantes d'une estime
singuliere, le titre éclatant de Baron, avec l'ordre illustre de S.
Georges, que Dudley Comte de
Northumberland, préoccupé
fortement d'une haine implacable, luy ôta avec ignominie, mais
que Marie, juste estimatrice du
merite de ce grand homme, luy
rendit avec gloire pour en recompenser les services importans
dont l'Angleterre en general luy
étoit

étoit redevable. Cette méme Reyne (imitatrice exacte des habitudes de Tibere, & des preceptes ensemble de Machiavel) se renoüa à la France avec utilité pour l'un & l'autre de ces Royaumes, par le moyen de Thomas Smith & de Nicolas Trocmorton, qui s'en acquiterent avec éclat ; tous deux d'une intelligence tres profonde, & tous deux versez aux affaires de ce qualibre. Thomas Chaloner fut aussi un essais de son discernement éclairé; il avoit veilly sous les charges les plus considerables de l'Etat ; fait cette fonction auprés de Ferdinand I. & puis de Philippe II. Ce ministre si rompu dans les intrigues du cabinet , avoit embrassé avec succez les armes également, & les lettres , se tenant, comm'il l'avançoit souvent luy méme , & par une habitude peu imitée de

Ibid. f. 134. ann. 1564. à Troyes en Champagne.

Fol: 154. ann, 1565.

C 5   ceux

ceux de fa profeſſion ; *L'Hyver au fourneau , & l'Eté dans la cave:* inſinuant qu'il ſe mettoit à l'abry ainſi de l'âpre froid de l'un, & des cuiſantes chaleurs de l'autre, afin de vacquer par ce moyen ſans interruption aucune à la lecture.

Milord Montaigu , Comte de Santwich , auſſi grand homme d'Etat, que grand Guerrier, & qui a rendu ſur mer à Charles II. des ſervices tres conſiderables, ne fait que partir pour remplir dignement à Madrid l'important employ d'une Ambaſſade extraordinaire, touchant les interets des deux Couronnes , & afin de trouver un juſte milieu qui empechât l'Eſpagne & le Portugal de s'épuiſer à l'avenir ſi cruellement par une guerre funeſte, & inteſtine.

Le Chevalier de Rache tres imbu aux affaires du Cabinet, avec cet air inſinuant qu'il avoit,

dont

Ann. 1666.

dont il gagnoit les cœurs insensiblement, negocia avec succés pour Gustave Adolphe en Suisse, à Geneve, & auprés de l'Auguste Senat de Venise. Ce Roy si éclairé, & magnanime adjoûta à un Ambassadeur de cette portée, Wolmar Comte de Farembach avant qu'il entreprit la guerre contre Ferdinand, afin d'en sonder les Princes de l'Allemagne & de l'Italie, pour les porter par des raisons fortes, & par l'image éclatante de la liberté publique, dans ses interéts, qui n'étoient que les generaux. Il alla dans la Transilvanie méme pousser Ragotski à l'invasion de l'Empire, en faveur de son maître, & sous l'espoir d'en partager les depouilles.

Le Comte d'Ullefeld (le tableau vivant de l'une & l'autre fortune) avec Hannibal Zeestad ache-

Pompeïa Bellanda fol. 204.

Nani lib. 7. f. 474, ann. 1629.

acheverent pour Chriftian IV. &
Frederic III. Rois du Dannemarc
les negociations de confequence
touchant les interéts de ce Royaume. Les Cours principales de
l'Europe admirerent avec quelle
adreffe ils agirent; tous deux avec
le difcernement neceffaire, & tous
deux verfez profondement dans
les intrigues de cet employ.

Camd. part.
4. t. 197.
ann. 1597.

Elifabeth Reyne d'Angleterre
fe voyant atteinte vivement par
l'energie eloquente dont Paul
Dzialin Ambaffadeur de Sigif-
mond Roy de Pologne fe plein-
noit que l'on violoit le commerce, portant à même tems les vifs
reffentimens de fon maître touchant une action fi offençante, qui
alteroit le droit inviolable des
gens, & la tranquilité des deux
Royaumes; elle répondit avec de
la fierté, qu'ayant cru écouter un
Ambaffadeur, ell'avoit trouvé un
Heraut

Heraut , qui luy denonçoit la
guerre. Cette Reyne étoit trop
delicate , & voguoit trop heureusement avec vent & marée
pour souffrir qu'on luy remontrât
son manque , la prenant par son
foible , & par cette partie encore
si sensible. Car pour marquer pleinement son orgueil , & son faste
durant un Regne si prospere , &
dont la fortune fut achevée ; je
rapporteray un trait icy de son
arrogance, & par où elle exprima
pompeusement son avantage , &
l'ignominie de Philippe II. aprés
la defaite de cette flote formidable , qu'il envoya côntre l'Angleterre , & contre Elisabeth , la
source unique en ce tems là de la
revolte des Pays-bas. Cette Reyne aussi pour s'envanger fit graver
dans des medailles , une flotte
fuyante à pleines voiles avec cette
inscription si fastueuse; *Il est venu,*

Camd. 3.
part. fol.
694. ann.
1588.

il

il a vû, il a fuy. infinuant que Philippe (à qui cette Reyne ingrate devoit trois fois la vie, & l'obligation de l'avoir tiré des chaines, convaincüe de tremper contre Marie, & d'afpirer à luy ravir fon fceptre) avoit trop de foibleffe pour emporter les Eloges dont le grand Jule Cezar, & Charles V. en fuitte, ont marqué la promptitude, & l'evenement heureux de leurs entreprifes ; l'un en faifant part au Senat par ce terme Laconique de fon *veni, vidi, vici* ; & l'autre en ufant avec modeftie, par ce *veni, vidi, & Deus vicit.* Mais pour retourner à Elifabeth ; elle adjoûta l'opprobre à la defaite de Philippe par d'autres medailles plus fuperbes que les premieres ; où elle fit graver pompeufement une flote confufe de vaiffeaux & de brulots avec ces mots ; *une femme a conduit cette action.*

Herrer, Hift. gñal. F. 1. lib. 1. cap. 5. fol. 9. ann. 1554.

Ie

Je demande excuse au Lecteur
d'une digreffion affez étendüe :
j'ay crû que ces incidens curieux
en effaceroient le blame aucunement, & qu'il m'étoit permis de
les deduire icy d'une méme haleine.

Venife doit rallier mon ouvrage, & comme cette prevoyante
Republique marche du pair avec
les têtés couronnées, je la range
immediatement icy. A la verité je
né fçache pas de Potentats qui
prennent leurs mefures avec plus
de précaution fur une affaire de la
derniere confequence : fans que
pourtant mon but foit de bleffer
la mémoire glorieufe d'un nombre affez grand d'Ambaffadeurs
Politiques, qui fçeurent avec
gloire & applaudiffement s'acquiter d'un employ de cette nature;
& fans que mon filence, ou l'omif-
fion de leurs illuftres noms, leur
foit

soit injurieuse. Ces trois que
j'allegueray, feront un puissant
motif, afin que par ceux là l'on
fasse reflexion sur ceux qui les
precederent, & sur ceux encore
dont l'exact discernement de cet
habile Senat fait un choix cir-
comspect, & judicieux.

Nani lib. 11.
f. 713. ann.
1639.

Jean Nani Procureur de S.
Marc agit vigoureusement aupréz
d'Urbain VIII. pour la conclu-
fion d'une ligue sainte & utile à
la Chrétienté en general, contre
la puissance formidable de la
maison Othomane. Mais la vivacité inconcevable de son esprit
éclairé, & cette experience si
meure avec laquelle il avoit con-
sacré ses veilles à la Republique,
n'eut pas l'applaudissement, ny
l'approbation, ou l'evenement icy
que par tout ailleurs; soit qu'Urbain fut preoccupé fortement, soit
qu'il eut quelque but particulier,

qu'il

qu'il prefera au devoir du Pontificat, & à ce faîte de grandeur sans
paralelle, ou bien qu'étant bon
oncle, il cedât à ce coup aux sentimens de Pere universel. Il écou-
ta Nani avec si peu de presence, Nanilib. 9.
qu'il avoit fait ayant luy, Pasman, f. 572. anno
Cardinal Archevéque de Strigo- 1632.
nie, quand il vint à Rome, pour
implorer quelque secours d'Urbain en faveur de Ferdinand,
contre cette formidable puissance
des Protestans, qui suscitez par
des Catholiques peu Chrétiens
bouleversoient de fond en comble
l'Allemagne en particulier, &
avec même violance l'Europe en
general. Pasman voyant qu'il
frappoit l'air inutilement, & que
le cœur d'Urbain étoit trop
inexorable pour s'attendrir dans
une necessité si pressante, par ces
obstacles qu'il apportoit à recevoir cette solemnelle Ambassade,

à

à cause que comme Cardinal il ne
pouvoit pas se rendre ministre
d'un Prince étranger, & principalement seculier, tel qu'étoit
Ferdinand. Cette objection, ou
plutôt cette defaite si peu charitable (car Vrbain étoit déja in-
formé que l'on en vouloit à ses
deniers) porta de l'aigreur dans
l'esprit de Pasman, qui avec intrepidité (comme il étoit d'une vie
irreprochable, & d'une science
tres profonde) protesta hautement, que celà n'empechoit pas,
qu'il ne preferât tres volontiers
l'interrét particulier au general,&
si la dignité du Cardinalat étoit
un obstacle invincible, qui traver-
soit cette audience, qu'il ne re-
pugnoit pas de s'en depoüiller, ny
méme de parler en chemise, pourvû que cela n'interessât pas à la
Chrétienté. Vrbain l'écouta enfin, & quoy qu'il admirât la force

ce de son eloquence, & l'energie de ses raisonnemens, il ne fit que publier un jubilé, qui n'épuissoit pas ses coffres, au lieu des sommes considerables que Ferdinand en esperoit, pour en soûtenir la cause commune ; particulierement, quand ce bon Pontife en prodiguoit de si immenses à l'instigation, & par le seul caprice de ses néveux. Mais Urbain ne borna pas encore à ce coup les saillies d'une animosité injurieuse : il la poussa dans toute l'etendüe, apres la bataille de Lipsich, que l'Archiduc Leopold perdit contre le General Suedois Tortenson ; & ce fut alors qu'il témoigna la méme insensibilité pour l'empressement, avec lequel Ferdinand, ce fils si obeissant de l'Eglise, imploroit d'Urbain, qui en étoit le Chef en terre, un instinct officieux, & une tendresse de Pere.

Nani lib. 12,
fol. 829.
Ann. 1642.

Cer-

Certainement ce Pape n'avera
que trop par une action si offençante, que ces Abeilles, dont
ses armes étoient composées,
n'avoient que du miel pour les
uns, quand des aiguillons tres-
picquans pour les autres. Ce fut
luy méme, qui dit un jour hauf-
fant la veste Pontificale, & étant
habillé à la Françoise, que son
cœur ne l'étoit pas moins que ses
habits ; bien contraire à Jules II.
dont le cœur étoit, à ce qu'il
avançoit tres-constamment, Es-
pagnol, & non pas François.
D'ailleurs Vrbain verifia ce qu'un
Grand homme dit un jour (si on
le veut avec impieté) touchant
les brigues du Conclave, & les
partis divers des Cardinaux, que
l'on ne pouvoit ôter aux Espa-
gnols, que leur or ne fit les
Papes, mais qu'il falloit avoüer
que la France aprés leur election
en

Mella da-
bunt Gallis,
Hispanis
spicula fi-
gent.

en tiroit ſeule tout l'avantage.
Mais pour achever en ce point le
tableau d'Urbain, je veux étaler
le dernier trait de cette grande
animoſité, dont il ravala avec tant
de partialité les affaires de la Maiſon d'Auſtriche. Car outre qu'on
l'accuſe d'avoir contribué à l'inva-
ſion du Marquis de Cœuvre pour
le fait de la Valteline, dont il
étoit le depoſitaire, il eſt conſtant
qu'il chaſſa un jour de Rome les
Cardinaux Borgia (qui portoit
la parolle) Spinola, Cueva, Pio,
Capponi & quantité d'autres,
parce qu'ils luy remontrerent
avec reſpect au nom de Philippe
IV. qu'il étoit reſponſable aſſeurement de l'échéc que reçevoit la
Religion Catholique, par ſa tiedeur & par ſon avarice, à ſecourir
ſa Majeſté, & la cauſe de toute la
Maiſon chancelante en Allemagne; quoy qu'il fut le Pere commun

Bruſoni lib.
2. f. 94. ann.
1634.

mun de l'Eglife, & tenu de verfer
le fang de Jefus-Chrift pour la defenfe de la foy , & non pas avec
tant de profufion fur Thadée
Prince de Paleftrine , Prefect de
Rome,d'Antoine, & de François
Barberins fes néveux.

Nani lib. 12.
f. 888. ann.
1644.
D'ailleurs Vrbain foûtint à
leur fujet une guerre malheureufe
qui coûta tant de fang à l'Italie ,
& qui épuifa le Château S. Ange
de ces threfors ramaffez par fes
predeceffeurs, pour les employer à
l'extirpation des Infidelles. Aprés
tout l'invafion de Caftro leur fut
bien ignominieufe, puis que l'on
en arracha la reftitution à ces
efprits turbulens en faveur du
Fol. 891.
Duc Eduard de Parme , appuyé
pendant tout ce fracas des armées
auxiliaires de Venife, de Tofcane,
& de Modéne.

Mais Pafquin qui ne fe tait
guere en des rencontres de cette
na-

nature parla haut par son *Tam benè pascit apes, quàm malè pascit oves.* Luy reprochant assez injurieusement, qu'il combloit de biens sur biens la maison Barberine, quand ce Pasteur peu charitable negligeoit lourdement son trouppeau. Bien avec moins de retenüe que Clement VIII. dont ce grand Censeur publia ingenieusement même manque, par un Crucifix à cinc playes, d'où à gros flots de sang réjalissoit de l'or & un nombre indistinct de pierreries, que le Cardinal de S. George, & Jean François Aldobrandin ses neveux avaloient à longs traits, les pauvres crians derriere eux, & repetans sans cesse : *Crucifixus etiam pro nobis.* Comme s'ils eussent insinué adroitement, qu'il devoit avec égalité menager ce thresor de Dieu, & de l'Eglise, dont il n'étoit que le depositaire

&

& pour l'ainfi dire, un Canal par
où il devoit conduire cette li-
queur de munificence, afin qu'en
ayant foulagé ceux, qui en a-
voient befoin dans une neceffité
preffante ; il la fit remonter par
ces reffors fecrets, & inftaléz du
ciel, jufques à la fource.

Toutesfois pour rendre juftice
aux merites de Clement, & pour
convaincre à même tems la medi-
fance, & l'impofture, j'avanceray
que ce Pontife fi zelé pour la religion, condefcendit tres volontiers
avec le facré conclave des Cardinaux, aux ardentes prieres, & au
fecours que l'Empereur Rodol-
phe en imploroit par les vives
voix de Gaudence Baron de Ma-
drucci, & *du Corraduce, fes Ambaffadeurs, contre la formidable
puiffance Otthomane, aprés cette
lache, & malheureufe perte de
Cliffa par les artifices du Comte
de

* Il dottore
Rodolfo
Corradutio,
huomo di
rari talenti,
che con ftu-
pendo pro-
fluvio d'elo-
quenza fpie-
gò la richi-
efta del fuo
Signore.
*Giorgio To-
mafi Guerr.
d'Ungar.lib.*
1. f. 8. ann.
1596.

le Paradiſer. Mais ce ne fut pas
dans cette ſeule occaſion , où ſa
pieté éclata hautement ; il l'étala Lib. 7. f. 92.
toute entiere, quand il envoya au ann. 1601.
funeſte ſiege de Caniſſa , à ſes
frais , ce nombreux ſecours (ſous
la conduite de ſon néveu Jean
François Aldobrandin) de 10.
mille fantaſſins & quelque Caval-
erie, pour le ſervice de l'Archiduc
Ferdinand , & de Maximilian
Erneſt ſon frere , appuyez outre
celà de ſix mille hommes dont
Philippe III. ſous Gaudence Ma-
drucci ſeconda ce mâle & religieux deſſein. Jean de Medicis y
conduiſit pour le Grand Duc
trois mille , & Vincent Duc de
Mantoüe s'y rendit en perſonne
avec un corps d'armée aſſez conſiderable ; mais la fatalité , l'emulation de tant de Chefs divers,
l'inclemence de la ſaiſon trop
avancée, où toutes ces raiſons en-
D   ſemble

femble furent l'écueil contre lequel s'echoüerent des efforts fi faints, & fi juftes.

Mais reprennons rôtre route, & difons que la prudence, que la profondeur des penfées, & que l'art de la Politique trouve fon centre dans Jean Baptifte Nahi, Chevalier, Procureur de S. Marc, l'admiration unique de fon fiecle, & le fecond Guicciardin dans l'Italie. En un mot il fait luy méme fon eloge, il parle quand mon ftile n'eft que rampant, quand mon vol trop bas, & l'intelligence de celuy qui le pouffe trop foible, & trop peu ferme affeurement pour envifager de prés ce grand luminaire. Son Hiftoire de Venife emporte les fuffrages de toute la terre, d'ailleurs il s'infinüe avec une fi douce violence, qu'on luy defere infenfiblement l'encens, & les parfums

parfums des ſçavans de nôtre age.
Benjamin Prioli dans la méme
Capitale écrivit les revolutions
de la France, & marque pleinement la tres-forte teinture qu'il
a dans l'art de regner.

Alexandre Abbé de Scaglia
pour Charles Emanuel Duc de
Savoye porta le mécontentement
en France, broüilla cette Cour,
ſouleva les Huguenots, & fomen-
ta ces partis artiſtement, qui al-
oient degenerer avec éclat en
une guerre ſanglante & inteſtine,
ſi le Genie de la France, puiſſant
alors, & ſi ſes miniſtres n'en euſſent pas detourné l'orage heureuſement, ſur tout dans cette con-
jonĉture ſi funeſte, où la Cour
étoit diviſée en Cabales, en intrigues, & en tant de ſentimens
divers, pour le mariage de Gaſton
Duc d'Orleans, avec Mademoi-
ſelle de Monpenſier, qui coûta

Nani lib. 6.
fol. 387. an.
1626.

D 2 ve-

veritablement une mort precipitée au Mareschal d'Ornano, &
au Comte de Chalais, la prison,
& l'eloignement, ou l'exil au
Duc, & au Grand Prieur de
Vendome, au Comte de Soif-
fons, à Madame de Chevreuse,
& à quantité d'autres, pour avoir
confeillé à Monfieur d'époufer
l'Infante d'Efpagne, & chocqué
en ce point le fentiment du Cardinal.   Ce miniftre auffi tant
éclairé, pendant qu'il agit à Londres, pouffa Charles I. & l'Angleterre à une rupture manifefte,
& à des aigreurs qui eurent pour

Fol. 407.
ann. 1627.

fuite une guerre malheureufe &
une defcente funefte dans l'Ifle de
Rhé, que le Duc de Bucquingam menagea fi mal en faveur de
la Rochelle, & du party Hu-

Brufoni lib.
1. fol. 59.
ann. 1630.

guenot. Charles Emanuel l'envoya en fuite de cela à Milan pour
des affaires de confequence qu'il
avoit

avoit avec Spinola, & immediatement à Madrid, où il negocia avec
succez les affaires de son Maître.

Hyerôme Moron, picqué sensiblement, que François I. ne Sandov.lib.
luy fit aucune grace, s'en alla ren- ann.1521.
dre à François Sforze, qui le fit
son Secretaire, & s'en servit si
judicieusement, comme tout le
monde sçait, dans les traitez &
dans les Ambassades. Et ce Duc
chassé du Milanois miserablement
s'y retablit avec vigueur, soûtenu
des forces des Charles V. & par Lib. 13. fol.
l'adresse de ce serviteur si fidelle. 593. ann.
Enfin cet homme seul sans ar- 1525.
mées, sans argent, & sans vivres,
ces trois nerfs si necessaires pour
tenter avec utilité une entreprise
considerable, & sans autre appuy
que celuy de son eloquence, susci-
ta à peu prez toute l'Italie contre
l'Empereur; dont l'orage qui devoit la bouleverser cessa à même
D 3 tems.

teins que le Marquis de Pefquai-
re (lequel Moron crût d'eblouïr
auffi par le Royaume de Naples)
fe fut affeuré d'un efprit fi turbulent, & fi pernicieux.

Collenut.
Hift. deNap.
part.2 lib.1.
f 48. & 49.

Guicciardin pour la Republique de Florence dónna à Burgos
auprés de Ferdinand d'Arragon
des marques illuftres d'un pro-
fond fçavoir, & de cette capacité
qui devoit étre un jour l'admiration de l'univers. Florence le
reçeut à fon retour d'Efpagne
avec des applaudiffemens inexpri-
mables. Leon X. luy donna le
Gouvernement de Modéne, & de
Rheggio. Adrian V I. en fit la
méme eftime par la continuation
de ces employs. Clement VII. le
fit avec une authorité fupréme
Préfident de la Romagne, & puis
Lieutenant General de fon armée
dans laquelle il parut auffi grand
Soldat, que habile Politique. Bo-
logne

Renigio
nella vita
del Guicc.
L'an 1512.

logne l'eut aussi pour son Gouverneur. Alexandre I. Duc de
Florence en faisoit tout son Conseil, & le Grand Côme sous-
crivoit à ses resolutions comm'à
des arréts, & à des oracles. Paul
III. l'appella auprés de sa personne, l'asseurant d'un appointement
tres - avantageux, qu'il refusa
constamment & avec fermeté,
afin d'achever avec plus de tranquilité son histoire d'Italie, où
il étale la majesté Latine, mar-
chant glorieusement sur les pas
de Tite Live, de Salluste, & de
Tacite, Prince des Politiques.

Le Grand Duc se servit de Nani lib. 9.
l'Archevéque de Pise, afin de f. 601. ann.
proposer à Rome une ligue de- 1634.
fensive entre les Princes Italiens,
qui contrebalançât la puissance
des Etrangers.

Jamais l'on n'a vû servir l'Empire avec plus d'approbation, que

D 4   Geor-

George Baron de Plettenberg,
du Conseil Aulique de sa Majesté
Imperiale. Car pour ne pas degenerer de l'illustre sang dont il tire
son origine, il s'est laissé entrainer
par cette noble emulation qui le

*Davity T.
IV. de l'Eu-
rope fol.
736.
a Ann. 1495*

poussa à marcher sur les traces de
ses devanciers, particulieremét de
Gautier de Plettenberg, *a* grand
Maître de l'ordre Teutonique en

b Ann. 1515

Livonie, & *b* Prince de l'Empire,
qui entre autres actions eminen-
tes s'immortaliza par la defaite
de 60. mille Moscovites avec 10.
mille des Siens. Ce General des
trouppes de l'Electeur de Baviere ne signala pas moins sa bra-

*Baudier
dans l'Hist.
gñrale des
Turcs liv. 16,
Ch. 9. f. 579.
ann. 1597.*

voure, en sacrifiant sa vie pour
l'interét de la Religion & pour
celuy de l'Empire, à la bataille
d'Agria, que l'Archiduc Maximilian, & Sigismond Battory Prince
de la Transilvanie, perdirent malheureusement contre Mahomet
III.

III. En effet l'Empereur Ferdinand l'envoya à Stocholm, où il
répondit glorieuſement à l'employ dont le chargea cet Auguſte
Souverain. L'Italie adjoûta ſes
applaudiſſemens à ceux dont
l'Allemagne porte encore haut
l'eminence de ſes talens. Car
outre les diverſes langues qu'il
poſſede, il eſt imbu univerſelle-
ment (par cette forte paſſion
qu'il a pour la lecture) de ce que
l'art de regner a de plus conſiderable, & de plus eſſentiel. Auſſi
Ferdinand III. en fit choix pour
retenir dans les intereſts de l'Eſpagne, & des ſiens, le Cardinal
Maurice & le Prince Thomas de
Savoye, que le Comte de Siruela
Gouverneur de Milan traitoit
avec de l'indifference, ſans que
Plettenberg, pour eloquent &
habile politique qu'il étoit, pût
jamais obtenir de luy qu'en leur

Bruſ. lib. 10.
f. 311. ann.
1642.

D 5   fa-

faveur , & pour les interéts de
l'Espagne , il se relachât d'une
trop funeste & trop pernicieuse
haine qu'il avoit si à contre-tems
pour l'un , & l'autre de ces Princes. Plettenberg penetra d'abord
dans l'avenir , & il conjectura aysement , que l'on alloit porter
l'aigreur des deux freres dans
toute l'étendüe , pour les jetter
avec imprevoyance dans le party
de la Regente vefve de Victoire
Amedée, qui à la verité étoit celuy de la France. Siruela adjoûta
aussi tôt une faute à une autre,
& ayant pris ses mesures assez
mal , il n'est pas étonnant que la
conduite en ait été peu circomspecte, ny qu'il ait fait dans un
chemin plein d'obstacles , & où il
ne voyoit goute, quantité de faux
pas,& une demarche entrecoupée
d'incidens sinistres, & peu prof-
peres. Car il demanda au Prince
Thomas

Thomas les trouppes Espagnoles qu'il tenoit dans Invrée, qu'il luy renvoya immediatement, sans hesiter à suivre à pleines voiles sa fortune, qui luy rioit avec tant d'indulgence, en luy ôtant une épine embarassante, qui le tenoit dans l'apprehension, & dans le respect pour la Monarchie.

Mais Siruela ayant consideré meurement la consequence d'une action si peu concertée, & gouté les raisons tres-fortes que le Cardinal Trivulze, le Comte de la Rocca, & Plettenberg luy avancerent, sur cette occurrence ; il crut de redresser l'affaire, renvoyant les trouppes dans Invrée, que le Prince Thomas n'admit pas, colorant ce refus de la pressante necessité de ne pas contrevenir au traité conclu entre le Prince Cardinal, & la Regente de Savoye. L'on previd bien à quoy tendoit cette

cette defaite, & l'on entra d'abord
dans les sentimens de ces freres
revoltez, & transfuges du party de
Philippe I V. dans celuy de Loüis
XIII. l'on consulta long tems, &
l'on proposa quantité d'expediens,
dont l'on crut sortir avec gloire
d'un passage si scabreux, & si difficile. Plettenberg s'offrit gene-
reusement d'aller faire à Nizze
un dernier effort sur l'esprit du
Prince Cardinal avec un plein
pouvoir de traiter avec luy. Le
Marquis de Caracene fut chargê
d'offrir la carte blanche au Prince
Thomas. Mais quoy que l'un &
l'autre de ces envoyez eut de
l'adresse, beaucoup d'eloquence,
& de l'esprit infiniment, il fut
impossible d'en flechir ces Sa-
voyards irritez, ny de les detourner de leur route premeditée.
Car ny les fortes, & vives raisons
de ces ministres, ny une profusion
in-

infinüante d'offres tres-considerables (dont une partie de tant
d'éclat eut ébloüy , & entrainé
dez l'ouverture de l'aigreur ces
Princes dans les interéts de la
Monarchie) porterent aucun
coup. Ils resterent inébranlables,
& firent voir (selon le sentiment
du Grand Gonzales de Cordüa
sur la conservation de Pise , &
de Piombin) que l'on menage mal,
ce qui peut apporter un grand
avantage ; & que d'ailleurs il n'eſt
pas d'argent mieux employé que
celuy que l'on sacrifie à l'interét
de l'Etat , & pour en assouvir largement la cuisante avidité de
ceux qui en sont si affamez.

Ainsi Plettenberg vid son zele
avorté, & sa negociation traver-
sée par la tiedeur de nos ministres,
& par cette fatale maniere d'agir
qui eſt si ruineuse de ne pas éteindre pleinement la profonde soif

d'une

No es mara-
villa que cu
eſte algo lo
que appro-
vecha mu-
cho *Zurit.5.*
ann, lib. 5.
cap. 55.fol.
335.

d'une ambition demesurée, quand l'on a dequoy, & quand il y va de l'utilité de la Monarchie. Outre celà Hambourg, Bréme, & Lubec (trois vastes membres du corps Hanseatique) ont souvent admiré avec combien d'éclaircissement il deduisoit les affaires de consequence touchant l'interét de l'Empire, & celuy de ces trois Villes. Christine Reyne de Suede encensa son eloquence, durant le sejour qu'elle fit à Hambourg.

L'an 1665. Leopold Ignace ne considera pas moins ses merites, que Ferdinand, & luy confia cet important traité qu'il conclut à Dresde avec l'Electeur de Saxe.

Era questo Prelato d'ingegno versatile molto, è capace di condurre qualunque piu grave è strana machinatione di stato. Erus. lib. 8. f. 260. ann. 1646.

Le Marquis de Leganez fit choix de l'Abbé Vasquez, afin de retenir dans le devoir le Prince Thomas, qui prétoit l'oreille au Sieur d'Argenson, & aux avantages dont il s'empressoit de l'éblouir

pour

pour le renoüer à la Duchesse
Regente, & le detacher du party
de Philippe IV. outre celà ce miniſtre acheva les negociations
les plus difficiles, & répondit
tres-bien toûjours au fond, que
les Gouverneurs de Milan en
firent avec tant de diſcernement.
Le Marquis de Caracéne, pendant qu'il en eut auſſi la glorieuſe
direction, parmy tant d'échecs,
& tant de ſecouſſes que l'on eſ-
ſuyoit ailleurs, ſe ſervit judicieuſement, en de rencontres ſem-
blables, du Marquis Hierôme
Stampa & du Comte Preſident
Aréſe, qui engagérent le Marquis de la Valſe, favory de Charles II. Duc de Mantoüe, à porter
ſon maître dans les interéts de la
Monarchie.

S. A. Sereniſſime D. Jüan d'Auſtriche, étant imbu pleinement
avec quelle eminence le Prince

Bruſ. lib. 2
f. 645. ann.
1652.

ce Comte d'Isengien s'étoit signalé dignement dans des employs de la plus haute consequence, l'envoya à Francfort avec un train magnifique, & qui soûtenoit son rang, complimenter Leopold Ignace sur son augusté election à l'Empire, & pour traiter à même tems avec les Princes Electeurs sur le passage des trouppes que sa Majesté avoit dessein de faire couler de l'Allemagne aux Pays-bas. D'ailleurs le Roy

1661. en fit choix afin de porter à Cleves les marques de cette estime toute particuliere qu'il avoit pour S. A. Electorale de Brandebourgh. Outre cela il devoit faire ses efforts, & s'empresser afin de retenir cet Electeur dans les interêts de la Monarchie; en suite de ce qui avoit été projeté à Francfort entre le Comte de Peñarande & luy.

En

En effet il répondit hautement
dans l'une & l'autre de ces fonctions, au fond que l'on fit de ses
talens, & de l'attente que l'on
conceut sur cette longue, & meure capacité qu'il a dans les affaires
de cette portée. D'ailleurs ce Seigneur est, pour l'ainsi dire, l'unique ouvrage de ses mains, &
l'effet glorieux de ses veilles. Ce
sont ses justes sentimens, & tant
de campagnes achevées avec une
approbation generale de ceux, qui
l'ont vû servir, qui m'arrachent
cet adveu insensiblement, & cet
eloge ensemble de ses merites, le
mettant au nombre de ces coura-
ges intrepides, que ny la mollesse
des Cours, ny le luxe, ny l'éclat
des ayeulx empeche de signa-
ler leur zele, & leur bravoure.
Car outre les occasions où il a
donné des marques eternelles de
l'un aussi bien que de l'autre,

soit

soit avec son Terçe en la Principauté de Catalogne, soit dans la
Lieutenance Generale de la Cavallerie d'Espagne sous le Comte
Duc qui en étoit le General, où
enfin durant son Generalat dans le
Portugal, avec des exploits glorieux, & une fermeté inébranlable. Il est constant que ny l'âpre
rigueur d'une prison hydeuse, ny
l'aspect d'une mort precipitée,
n'ont jamais pû flechir sa constance, ny luy arracher un secret qu'il
preferoit infiniment au dessus de
la vie (touchant le dessein qu'il
avoit formé de bruler la flote navale des Portugais, dans le port de
Lisbonne, outre ce qu'il avoit
encore tramé sourdement contre
la maison de Bregance, que la fatalité & la perfidie de l'un des con-
spirateurs, firent éventer malheureusement) son ame parut
toûjours la méme, c'est à dire,
grande & intrepide, & qui de ses

...fers & de ſes chaines s'eſt erigée,
...aiuſi qu'à ſa fidelité un trophée
...immortel & illuſtre. Auſſi Phi-
...lippe, qui recompenſoit toûjours
...ſi largement, n'eut pas de l'ingra-
...titude pour luy : car outre l'Or-
...dre de la Thoiſon d'or qu'il avoit
...déja, une Principauté, & le gou-
...vernement de la Province de
...Gueldres, marquerent avec éclat
...la reconnoiſſance de l'un, quand
...la recompenſe pour les ſervices
...tres-conſiderables de l'autre.

L'on a vû par cette étendüe
...deduction, que j'ay faite d'un
...nombre ſi éclatant d'habiles Am-
...baſſadeurs, que les Princes ge-
...neralement n'ont pas toûjours
...fait election de Grands d'Eſpa-
...gne, ny de Ducs & Pairs, ou de
...Seigneurs d'une eminente quali-
...té, pour porter leurs volontez,
...& leurs intereſts aux Cours étran-
...geres. Il y en a eu des Religieux,

des

des Evêques , & des hommes
d'une extraction moins relevée
qui s'en font acquité avec approbation & avec gloire. Les talens fouvent, & les qualitez effen-
tielles pour cet employ, ont été
un puiffant motif afin que l'on ne
s'arretât pas fur l'écorce aveugle-
ment , mais que l'on paffât legerement par deffus le vain dehors
& le creux decevant de certains
genies, pour en penetrer le fond,
& pour faire une jufte eftime de
leur portée. Non point toutesfois que je veüille faire un faux
pas dans une demarche fi belle,
ny que mon but foit d'infinuer
par là que l'on doive exclure les
Grands de ces emplois (l'on a
vû que j'en ay produit quelques
uns avec une conduite admirable
& exquife) ny qu'il faille imiter
en ce point Eumene, qui envoya
fon Medecin à Rome, ny Tybere,
ou

ou Sophie Augufte femme de l'Empereur Juftin, qui fe fervi-rent de Zacharie, & de Theodore, l'un & l'autre de même profef-fion. Juftinian eut pour fon Am-baffadeur en Perfe Etienne, qui en étoit auffi bien que les prece-dens. Rhodes avant ceux là depu-ta Caffius, Archelae fimple maî-tre d'étole. Et il n'y a pas deux fiecles que Loüis XI. effuya mê-me ignominie quand il traita par le moyen d'Olivier le Dain fon Barbier (de qui l'on faifoit cette demande picquante, fi Loüis étoit toûjours bien avec Olivier) le mariage du Dauphin avec Marie, heritiere de Charles le Hardy. Cette grande Princeffe pour mar-quer fenfiblement combien la baffeffe d'un homme fi vil luy étoit odieufe, & picquée d'ail-leurs qu'il demandoit audience avec trop d'empreffement, luy

Philipp. de Commes dans Loüis XI. liv. 8. Guagui in Lud. XI. P. Math. en Loüis XI. liv. 8. f. 320.

fit

fit dire un jour, que l'on penetroit assez que Loüis son maître vouloit luy faire le poil, mais qu'elle étoit fille & d'un sexe qui s'en dispensoit, au reste qu'elle auroit soin de le mander, quand elle seroit en état de s'en faire penser.

Du tems méme de nos ayeulx Muley Melic Roy de Fez envoya un certain Guillaume, de la profession qu'Olivier, pour se liguer avec Henry III. contre l'Espagne, & ce Roy tres-Chrétien renvoya cet eminét Ambassadeur avec méme caractere pour conclure en son nom à l'exemple de *a* François I. & de *b* Henry II. ses predecesseurs, avec ce Prince Mahometan une ligue sainte, luy fournissant par advance de sa sincerité un vaisseau chargé de poudres, de mesche, & de canons; que D. Francisco de Vargas Manrique prit vers Gibraltar.

C'est

Vincent le Blanc 2. part. de son voyage Ch. 22. f. 155.

a Monluc lib. 1.

b Villars lib. 9. ann. 1558.

Herrera, Hist. gñrale T. 2. lib. 2. f. 78.

C'est trop ravaler l'eminence des Ambassades, & c'est le moyen de les rendre l'objet de la haine & de la médisance. Mais d'ailleurs je soûtiens hautement que la naissance est bien ridicule quand elle n'estpas appuyée des qualitez plus essentielles. En effet cette regle generale souffre bien de l'exception; à sçavoir que l'integrité, & que la valeur des ancétres se rend hereditaire & comme infuse dans leur posterité. Car l'image de leur gloire passée, & qui devroit leur inspirer des pensées sublimes, & mâles, ne les touche que peu souvent, & bat trop inutilement des cœurs peu susceptibles d'une atteinte si belle. Et quoy que la tige ait été splendide, les rameaux qui s'y enterent depuis, degenererent trop honteusement du premier éclat, & ne sont plus que l'eau croupissante.

fante d'une fource fi claire, qui
s'emancipe à s'arroger les avantages de fon origine, alleguans la
capacité des ayeulx pour une conféquence immanquable de la leur,
fans qu'ils ayent des lineamens,
ou des traits approchans à ceux-
là, & n'étants que le crayon igno-
minieux d'une ébauche fi noble
par la molefle de leurs efprits
obtus, & qui ne fouffre pas la
clarté rayonnante de ceux qui les
devancerent. Et toutesfois leur
arrogance va jufques au point que
de briguer les premiers emplois
& les plus pefans de l'Etat; fans
avoir effleuré la furface d'aucune
fcience, & fans la moindre teinture de ces elemens fi necelfaires
pour entreprendre & executer à
méme tems des grandes chofes,
bien loin d'en étre imbus parfaite-
ment, & d'en penetrer la profondeur, & l'étendüe.

Ce

Ce qui fait que l'on void de nos
jours, par le peu de diſcernement
que l'on a dans une matiere ſi delicate, bien des Ambaſſadeurs,
comme ces trois que Rome envoya afin de renoüer Nicomede,
& Pruſias ſon pere Roy de Bi-
thinie, qui ſelon le ſentiment de
Caton, n'avoient ny téte, ny pieds,
ny cœur : l'on y peut adjoûter
d'autres qui n'ont ny eſprit, ny
d'ame, & ce defaut rend bien
ſouvent le corps d'une negociation hydeux, & difforme. Car
ce ſont ceux là qui portent d'ordinaire avec eux l'éclat, & la pompe, quand ils n'ont rien d'autre
pour s'établir dans l'eſtime des
Princes, & dans celle du vulgaire;
comme ſi l'eſſence des traitez dependoit d'un train faſtueux &
magnifique. George Gouverneur
de la Ville de Dara pour Juſtinian,

Plut. in Ca-
tone.

E   n'ad-

n'admit que la perfonne d'Ifdi-
gunne, Ambaffadeur de Cofroë
Roy de Perfe, avec vingt hommes feulement , des 500. qu'il
conduifoit. D'ailleurs pour grand
miniftre qu'étoit le Duc de Feria, je trouve fon train affez ridicule , lors que Philippe III.
l'envoya complimenter Marie
de Medicis fur la mort d'Henry
IV. car le Gouverneur de Bourdeaux, pour marquer pleinement
cette oftentation creufe & vaine,
ne permit pas que le Duc de
Feria logeât en Ville, & luy dit,
s'en excufant fort obligeamment,
que le bruit courroit, que fon
equippage s'approchoit à une pe-
tite armée, avec tant de coffres,
& tant de bahus, qu'il en pouvoit
fortir ayfement mille moufquets.
Ces Caftillans éclairez ne de-
crierent pas moins une magnifi-
cen-

cence ſi irreguliere , quand des
certains Ambaſſadeurs Portugais
paſſerent fortuitement par leur
ville, pour traiter en faveur de
leur maître (à la Cour de Madrid)
ſur des affaires de haute conſequence : car le Fourier qui les
precedoit, leur ayant dit , que la
ſuite étoit compoſée pour le
moins de 1000. perſonnes , dont
la moitié étoit comme des Dieux,
& l'autre comme des hommes ; il
y en eut un du corps du Magiſtrat
qui luy répondit ſur le champ :
que cette moitié donc qui eſt
comme des Dieux , aille loger
dans les temples, & l'autre comme des hommes, dans l'hôpital.

Mais comm'il n'eſt rien de ſi
eſſentiel pour des emplois de cette nature , que l'eloquence, ce
grand charme des ames, j'avanceray qu'Athenes pour cette

E 2   rai-

raison même envoya trois Ambassadeurs à Rome, afin d'en obtenir la remission d'une peine, à laquelle l'on avoit condamné cette Republique. Mais le choix en fut si judicieux & avec tant de concert, que Carneades (dont Crassus avoit déja mandé que l'on se precautionnât contre son eloquence, qui pouvoit leur être tres-pernicieuse) Diogene, & Critolaus, cette essence de la Philophie Grecque, haranguerent trois jours de suite separement, & avec tant d'approbation du Senat, qu'ils ébranlerent ces Peres Augustes. Mais châcun de ces Ambassadeurs deploya son eloquence avec un stile particulier, & different des deux autres. Carneades étala une violence empressée, & entrainante;

ce ; Diogene agit avec une ſub-
tilité éclairée, & Critolaüs de-
duiſit ſes raiſons avec une energie qui étoit modeſte, & delicate : Cecilius Senateur Ro-
main prit la parolle, & leur répondit ſur le champ, diviſant
ſon oraiſon en trois parties afin
de l'oppoſer aux ſtiles differens
de ces trois grands hommes,
(dont il uſa auſſi) avec tant d'am-
biguité, & ſi diſertement, qu'ils
en furent ſurpris, & porterent
de retour dans l'Areopage leurs
applaudiſſemens : & aprés des
raiſons tres fortes, ils encheri-
rent par deſſus les precedentes,
concluant que Rome ne s'étonnoit pas des doctes de Grece. Ainſi
George Leontin remplit pluſieurs fois les Ambaſſades d'A-
thenes, non pas qu'il fut le plus
noble des Latins, mais le plus
eloquent.

E 3   II

A pochi la natura hà conceduta così efficace come fece al Richelieu, la magia, per dir così della lingua, perche con vivace, e nervosa eloquëza, arrichita di pronti ripieghi, e riuforzata fovente ad arbitrio fuo da giuramëti, & affecti, efpugnava gli animi, e diriggeva fopra tutto la volonta del RèLudovico. *Nani lib. 6. f. 385.* Infinuatofi nella corte, s'intrufe nelle fattioni, è riufci, ò nel feminare difcordie ò nel comporle, tanto eccellente, che l'arte mai gli mancò, e poche volte abandonò la fortuna. *Nani lib. 12. f. 841.*

Il en eft fort peu à qui la nature ait accordé avec tant de profufion comme au Cardinal de Richelieu cette infoutenable, & furprenante, pour l'ainfi dire, Magie de la langue ; par ce qu'il deduifoit fes raifonnemens avec une fi vive, & fi forte eloquence, enrichie de promptes defaittes, & de detours, foutenüe d'ailleurs de tant de fermens, & de tant de dons paffionez, qu'il entrainoit avec facilité dans fes fentimens ceux qui l'écoutoient, principalement Loüis XIII. dont le Genie cedoit univerfellement à l'afcendant que celuy du Cardinal avoit fur luy. S'étant infinué dans la Cour, il s'introduifit parmy les factions qui la bouleverferent, & il reüffit avec tant d'avantage dans l'art de femer des difcordes, & des haines, que jamais l'adreffe luy

luy manqua, & rarement la fortune, qui ſeconda & facilita toûjours ſes projets avec une con-
ſtance peu interrompüe d'incidens ſiniſtres & facheux. Il porta
le Roy contre ſa mere, contre
ſon frere, & contre ſoy méme,
car bien que Loüis n'eut pas d'a-
mitié pour luy; il n'eut pourtant
pas l'ame aſſez forte, de luy refu-
ſer ſa toute-puiſſance. Il deſarma
l'hereſie, baiſſa la Grandeur des
Princes, affoiblit le peuple, &
les Parlemens, & bâtit des debris
de leur puiſſance èchouée, l'authorité Souveraine, & la Majeſté des Roys, s'attribuant ce pouvoir abſolu dont il depoüil-
loit Loüis XIII. car apprehen-
dant

E 4

Inimicò il Rè con la Madre, co'l fratello, ſi può dir con ſe medeſimo, conſtringendolo a concedergli l'autorità benche gli negaſſe l'affetto. Diſarmata in Francia l'hereſia, abatutii grandi ſnervato il popolo, & i parlamenti, ſtabilì il vigore del

Regio commando: all'incontro uſurpato tutto il potere à ſe ſteſſo, temendo la ſicurtà della pace, è piu ſicurò ſtimandoſi tra' l'agitationi dell'armi, fu autore delle guerre e di lunghe, e gravi calamità, con tanto ſpargimento di ſangue, è di lagrime, dentro e fuori del regno, che non è maraviglia, ſe molti l'habbiano publicato per huomo nella fede fallace, atroce negli odii, infleſſibile nelle vendette. f. 842.

dant d'ailleurs la tranquilité de la
paix, & croyant sa puissance mieux
établie parmy le fracas des armes,
il a esté la source unique & funeste d'un long tissu de calamitez,
& d'accidens deplorables, de tant
de sang, & de tant de larmes ver-
sées, soit dedans, soit au dehors
de la France : ce qui fait que l'on
ait decrié sa conduite, & publié
hautement, qu'il étoit sans foy,
trompeur, cruel, avec une haine
implacable, & une soif profonde de se venger de ceux qui
contrecarroient ses sentimens, &
sa fortune. Touttesfois il faut en-
censer ses merites, & rendre un
juste eloge aux talens de ce grand
homme, & l'on doit tomber
d'accord en ce point avec ses ennemis mémes, qu'il en possedoit
de si essentiels, & en si grand
nombre, qu'il n'étoit pas surpren-
nant

Ma certamente non gli si possino denegare quelle doti, che il mondo è solito d'attribuire a'grandissimi personaggi, accordandosi in confessare cò'suoi partiali'gli stessi nemici, ch' egli tali, e tante ne possedeva, che dove havesse diretti gli affari, haverebbe portata la felicità, è la potenza. Idem fol. 842.

nant s'il venoit au bout de ses desseins, avec la méme facilité qu'il les projettoit.

L'on en peut dire enfin qu'ayant reuny la France, secouru l'Italie, bouleversé l'Empire, divisé l'Angleterre, & affoibly l'Espagne, il ait été l'instrument choisy de la divine providence, pour être la Catastrophe de l'Europe.

Mazarin eut une conduite bien differente à celle de Richelieu: Car laissant à Loüis XIII. toute la douceur qui d'ordinaire est inseparable des thrones, il ne faisoit qu'en adoucir la pesanteur, & étre le ministre plutôt, que non pas

E 5

Questo può dirsi, che riunita la Frācia, soccorsa l'Italia, confuso l'imperio, divisa l'Inghilterra e indebolita la Spagna, egli è stato l'instrumēto scielto della providenza del cielo per la catastrofe dell'Europa.

Il Mazarini si governava di modo, che à Lodovico lasciando dal governo il gusto, ma allegerendo il peso, pareva Ministro più tosto, che direttore dell'intentioni Reali. Verso gli altri poi procurava, che cio, ch'è tanto invidioso, fosse in lui reso grato della modestia. Così con ossequio al Prencipe, con liberalità à cortigiani, à tutti grato, e cortese, s'introdussi con general applauso nel posto. Fù la di lui prima cura, assicurare i Principi collegati della Corona, che non sarebbe cambiata constanza di persistere nella loro amicitia, e co' Principi d'Italia studio di conciliar maggior confidenza. *Fol. 484. au. 1643.*

pas le directeur de ſes ſentimens.
Sa maniere d'agir avec les autres
n'étoit pas moins judicieuſe. Le
peuple, & les Grands encenſoient
d'applaudiſſemens ſa modeſtie,
quand ils fremiſſoient encore au
ſouvenir du faſte, & de l'orgueil
d'Armand de Richelieu. Ainſi il
s'acquit l'approbation generale,
& l'eſtime particuliere de Loüis,
par une aveugle deference à ſes
decrets, par ſa liberalité, & par
ſa munificence. Son premier ſoin
fut d'aſſeurer dans le party les
Princes alliez de la couronne,
leur aſſeurant que cette revolution du miniſtere ne diminueroit
en rien ny l'eſtime que l'on avoit
pour leurs perſonnes, ny la reconnoiſſance des ſervices qu'ils ren-
doient à l'Etat. En ſuite il fit ſes
efforts, pour noüer les Potentats de l'Italie aux interéts de ſon
Maître. Ainſi Mazarin aprés
                        avoir

avoir empéché par l'effort de son
eloquence en faveur de Loüis
XIII. la conquéte tres-impor-
tante de Cazal, & la decision generale des deux armées, vid son
zele recompensé pleinement, &
la France juste estimatrice de ses
grands talens ; aussi n'en fut il
pas ingrat, car ayant pris ses mesures sur ce plan si judicieux dres-
sé par son predecesseur, afin de
contrecarrer vigoureusement la
Monarchie d'Espagne, il est venu
à bout de ses vastes desseins, &
il a élargy puissamment la domination Françoise.

J'adjoûte encore que la langue
Latine est tres-necessaire pour
soûtenir dignement la pesanteur
de cet employ. Car outre qu'elle
a ses charmes particuliers, elle
nous fait ouverture des plus
grands autheurs, & donne des
lumieres tres-penetrantes pour la
con-

Nani lib. 8.
fol. 538. an.
1630.
Bruf. lib. 1.
fol. 66.

conduite des negociations. En
effet pour habile homme qu'é-
toit Pompone de Bellievre , on
luy objectoit ce seul defaut. Car
un jour l'Ambassadeur de Pologne le complimentant en latin , il

Balzac dans
ses entre-
tiens.

répondit qu'il n'avoit jamais eu la
curiosité d'apprendre la langue
Polonnoise.   D'Avaux aussi ac-
cuse de ce manque son colle-
gue , & grand rival Abel Servient , dans la chaleur de leur rupture, & dans les lettres dont il
se chargerent vivement.   Mais
combien des Pompones de Bellievre , & combien d'Abels Ser-
vients ne treuve-t'on pas au-
jourd'huy , qui sans avoir les talens qu'eux , ont toutefois méme
defaut ?

Aprés tout si la demangeaison
est si grande d'envoyer des Seigneurs d'une eminente qualité;
je suis d'advis qu'on leur donne
pour

pour adjoint quelque miniſtre habile, & que l'on n'ait pas de honte
d'imiter en ce point la France
nôtre emulatrice, qui pour marquer ſa maxime inviolable dans
une demarche ſi importante, fit le
Duc de Verneüil & le Sieur
Courtin, ſes Ambaſſadeurs extra-
ordinaires en Angleterre, afin
d'offrir ſa mediation entre ce
Royaume là, & les Etats Generaux des Provinces unies des
Pays-bas. D'ailleurs je treuve
que châque Ambaſſadeur pendant cette fonction devroit tenir
auprés de ſa perſonne deux ou
trois Cadets, fils de Grands d'Eſpagne, & d'autres encore,
d'une extraction approchante à
celle là, afin qu'outre l'air, & les
habitudes qu'ils s'acquereroient
de tant des pays divers, ils en poſ-
ſedaſſent auſſi les maximes & les
langues (ce qui ôteroit l'embaras,

Inmultis eſ-
ſe gentibus
video, quæ
non erubeſ-
camus imi-
tari. *Curt.
lib. 8.*

ras, & l'apprehension que l'on a
pour un tiers ordinairement dans
des certaines côjonctures d'Etat)
avec une exacte connoissance des
lieux & des Provinces : ce seroit
comme leur seminaire, où ces Seigneurs, sous la direction d'un
ministre éclairé, pourroient étre
instruits dans l'art des negociations avec un avantage indicible
pour la Monarchie.

Enfin cette sorte de gens avec
une teinture si necessaire pour
l'essence de cet employ, est faite
naturellement, & par une longue
habitude à voiler d'un pompeux
dehors de civilité, & d'un air insinuant cette haine implacable,
que l'on a pour nos ennemis, &
le coup ensemble dont on les veut
terrasser. D'ailleurs la force du
Conseil depend du tems, parce
que

Facti naturâ & consuetudine exercitu velare odiũ fallacibus blanditiis. Tac. 4. ann.

Magna enim pars consilii est in tempore; consilia enim rebus aptantur.

res ipsæ feruntur, imò volvuntur: ergo consilium sub die nasci debet, & hoc quoque tardum est nimis, sub manu, quod ajunt, nascantur oportet, Senec.

que l'on s'en ſert ſelon l'occurrence des affaires, qui paſſent d'ordinaire, & qui par une conſtante
viciſſitude, retournent toûjours
avec la méme face peu, ou point
du tout innovée. Ainſi l'on eſt en
état toûjours de prendre nos meſures en vingt & quatre heures,
& pour encherir düement ſur
tout celà ; dans la chaleur des traitez, l'on a comme à la main les
defaites, les detours, les obje-
ctions & la force des raiſonne-
mens : aprés tout j'y adjoûte une
raiſon concluante ; à ſçavoir,
qu'un eſprit de cette trempe, &
de la portée que je viens d'alleguer, connoit adroitement le
foible de ceux qu'on luy met en
téte, & qu'il eſt en état toûjours
de peſer meurement la conjoncture des affaires, de s'en prevaloir, & de ſervir ſon Maître avec
ſuccez, & utilité.

ſes

Ces moyens joints avec les pensions que l'on donne aux Princes, aux Ministres subalternes, & à ceux generalement qui font dans leur confidence, facilitent beaucoup les projets que l'on forme, & levent les obstacles dont l'on traverse les plus grandes, & plus difficiles entreprises. Loüis XI. donnoit des sommes fort considerables au Chambelan, au Chancelier, à l'Admiral, & au grand Ecuyer d'Angleterre. Cette profusion les tiroit dans ses sentimens, & les faisoit contrecarrer le dessein qu'Eduard V. avoit d'apuyer fortement Marie Princesse des Pays-bas.

Cette baterie insoûtenable fait breche dans les cœurs les plus insensibles. Elle en chasse la gloire, & l'honneur qui en disputent l'entrée, & d'abord l'on treuve assez de pretextes dont l'on

Jetter de l'or dans le Conseil du Prince, c'est un grand charme aux esprits avares & cupides. L'or est une medecine qui à même tems y fait deux effets contraires; Parler & taire. P. Mathieu dans Loüis XI. liv. 8. f. 330.

l'on colore une capitulation precipitée, & honteuse. D'ailleurs l'on joüe à couvert ; l'on
porte ses coups sourdement,
& sans bruit. L'on trame, ou
bien l'on évente des menées
avec facilité. Il n'est pas de secret qui soit à couvert de cet artifice. C'est le Zenith qui con-
duisoit les projets du grand Gonzalo Fernandez de Cordoüa, &
d'Armand Cardinal de Richelieu,
& au quel l'un & l'autre de ces
deux grands hommes ont dû la
naissance de leur fortune, & une
gloire achevée. Aprés tout c'est
l'unique moyen qui engage les
favoris des Princes dans le party
que l'on veut ; & qui leur fait tenir
une route, qui se va rendre dans
la nôtre.

Le Cardinal Wolsey poussoit
alternativement Henry VIII.
dans les interéts de Charles V.

&

& dans ceux de François I. son credit étoit à l'incant, & sa faveur prostituée aux offres les plus éclatás. Ces Princes aussi imbus pleinement de l'ascendant que son Genie avoit sur celuy d'Henry, cultivoient cet esprit fier, & ambitieux par ces mémes moyens dont il étoit si affamé, & si avide: ce qui rend le faste de sa maison moins étonnant, & la pompe moins fabuleuse, *a* quand on la soûtient avoir été composée de deux mille domestiques. L'on a déjà vû que *b* le Marquis Strigio, & le *c* Comte Fabio Scoti ont été les secrets ressorts dont la France s'est servie judicieusement pour attirer dans ses interéts Vincent de Gonzague, & Eduard Farnaise, l'un & l'autre Ducs de Mantoüe, & de Parme. Le Marquis della Valle unit tres étroitement à l'Espagne Charles.

a Hist. des favoris. fol. 489.
b Nani lib.7 f. 416. ann. 1627.
c Lib. 10. f. 660. ann. 1636.

les.

les II. Duc de Mantoüe , avec l'avantage , & l'utilité que l'on ſcait, pour la conquête de Trin & la recuperation de Cazal ; & par ſon Vicariat , & le Generalat des armées de l'Empire en l'Italie.

Bruſ. lib. 19. f. 645. ann. 1654.

Lib. 25. fol. 823. ann. 1657.

Le Marquis Calcagnino porta François Duc de Modéne à ſe renoüer avec la Monarchie durant que le Marquis de Caracéne eut la direction de l'Etat de Milan; & ce fut dans cette conjoncture que ſes originaires avoüerent avec des applaudiſſemens indicibles de tenir leur tranquilité d'une conduite ſi concertée, & ſi glorieuſe. Mais Calcagnino ne borna pas encore à ce coup le zele qu'il avoit pour nôtre couronne; car comme ſon maître ſe fut jetté aſſez inconſtamment dans le party de la France, il fit ſes efforts pour l'en tirer. Mais quoy que ce deſſein.

Lib, 17. fol. 579. ann. 1649.

fein reuffit , il le vid avorté immediatement. Car s'étant tranf-
porté à Pavie (où le Comte de
Fuenfaldagne fe trouvoit pour
lors) avec un plein pouvoir de
concerter fon renoüement aux
mémes conditions qu'il l'avoit
traité avec le Marquis de Caracéne , le Comte Gouverneur répondit à Calcagnino qu'il luy
avoit de l'obligation d'avoir in-
fpiré cet inftinct au Duc de Modéne , toutesfois qu'il ne voyoit pas
le moyen d'avancer , ny de conclure cet affaire de fi haute confequence , fans en avoir ordre de
Madrid ; ce qui fit , qu'il luy demanda le téms que l'on exigeoit ,
pour en éclaircir fa Majefté.
Cette froideur tourna Calcagnino fur fes pas , afin d'inftruire fon
Maître fur les refolutions de
Fuenfaldagne. Ce rebut , ou cette tiedeur aigrit furieufement l'efprit

(marginal notes) Lib. 25. f. 839. ann. 1657.

L'an 1649.

prit de François d'Est, car outre
que ce Prince étoit ombrageux
& susceptible de la moindre atteinte, une certaine vivacité, qui
tenoit de l'impatience, luy inspiroit de la haine pour toute sorte
de longueurs, qu'il reputoit of-
fensantes & inutiles. Ainsi quoy
que Calcagnino s'empressât de
le radoucir par la pompeuse deduction de ses interêts, & par sa
gloire qui resteroit comme blessée d'un manque de foy que l'on
imputeroit toûjours à son caprice
& à sa legereté, il defendit que l'on
ne luy en parlât pas d'avantage,
& à même tems il se reunit à la
France. De maniere que le voyage
de D. Lorenzo de Monpaon
à Madrid fut tres inutile, car
étant de retour avec ordre d'a-
vançer, & de conclure cet important traité, il trouva le Duc
de Modéne deux fois François,

&

& qu'une lenteur si exorbitante. avoit fait echoüer sa negociation, & perdre malheureusement une conjoncture si favorable.

Mais afin de convaincre plainement une bevüe si inexcusable, & qui nous fut tres-pernicieuse, je rapporteray icy les articles du traité conclu entre le Marquis de Caracéne, & le Duc de Modéne, par la mediation d'Eduard Farnese Duc de Parme. D'ailleurs, il est tres constant que les Gouverneurs, ny les Viceroys n'ont jamais une authorité si limitée qu'elle leur empéche d'admetre, ou de souscrire à ce qui est utile en particulier à l'Etat, qu'ils gouvernent, & ensemble advantageux à la Monarchie en general. Aprés tout, voicy le tableau & les traits de cette reunion.

Liv. 17. f. 579. ann, 1649.

Que le Duc de Modéne seroit rétably dans les bonnes graces,

&

& ſous la protection de ſa Majeſté
Catholique : Qu'il auroit à ren-
voyer tous les Officiers François
avec les trouppes de cette nation
qui avoient ſervies ſous ſes ordres, & celà par la voye du Cré-
monois en France ; Qu'il ſeroit
tenu de ſecourir l'Etat de Milan
avec trois mille hommes en ſuite
du traité conclu avec D. Franciſco
de Melo : d'ailleurs que ſa Majeſté auroit le même ſoin en cas que
le Modénois fut attaqué : Que
le Duc renonçât à la ligue con-
clüe avec Loüis XIV. ſous pro-
meſſe de n'en plus faire à l'avenir,
ſoit avec la France, ſoit avec
quelqu'un des Potentats ennemis
de la couronne ; Qu'il auroit à
donner en tout tems paſſage par
ſes Etats aux trouppes de ſa Majeſté, avec la ſimple obligation de
fournir des vivres moyennant
l'argent. Que l'on remettroit la
gar-

Nani lib. 10.
f. 624. ann.
1635.

garnifon dans Correggio en la
méme forme qu'elle y avoit été
avant la rupture; Que l'on fit reftitution des biens allodiaux à Dom
Maurice, cet infortuné fils de ce
Prince, que les trouppes Imperia-
les avoient chaffé de fon Etat,
pour avoir (outre des forfaits de
confequence, étant vaffal de
l'Empire) fait batre de la fauffe
monnoye. Que l'on n'innove-
roit aucune chofe, & que rien
ne feroit alteré, jufques à ce
que l'Empereur eut decidé pleinement à qui appartenoit cette
Principauté. Que le Duc de la
Mirandola refteroit à l'avenir fous
la protection de l'Efpagne, fans
que Modéne y apportât aucun
obftacle. Que l'on comprennoit
dans ce prefent traité tous ceux
qui auroient porté les armes
contre le Duc en faveur de fa
Majefté Catholique, avec la pleine

Bruf. lib. 1.
f. 50. ann.
1630.

ne reſtitution de leurs biens. Et pour une marque éclatante d'une deference aveugle aux interéts de la Monarchie, que le Prince Cardinal d'Eſt renonçât à la protection qu'il avoit de la couronne de France, en conſideration, qu'il reçevroit de ſa Majeſté une recompenſe plus ample, & qui fut proportionée à la grandeur de ce ſervice.

Mais rallions ce traité, pour retourner à nos Favoris. Jacques Marquis de Gauffridy (fils d'un Medecin Provençal, & né en France) gouvernoit abſolument Eduard Duc de Parme ſon maître. Cet homme avec le changement de climat, s'étoit depoüillé de cet inſtinct de tendreſſe que l'on a d'ordinaire pour ſa patrie, & pour un Prince naturel; effaçant ſans peine de l'eſprit d'Eduard les impreſſions que le

F Comte

Bruſoni lib. 17. fo. 586. ann. 1949.

Comte Fabio Scoti y avoit fait
naître en faveur de la France. Puis
ce ministre (préoccupé fortement
des grands avantages que D.
Francisco de Melo luy donna par
advance de ceux qu'il continue-
roit à l'avenir) porta son maître
assiegé dans Plaisance à s'accorder
avec l'Espagne , & d'user de ce
stratageme si judicieux , qu'il luy
suggera pour se defaire des trouppes Françoises , qui étoient dans
la place , sous le commandement
du Comte de S. Pol, & qui auroient bien pû s'opposer à leur
sortie , en se saisissant d'une porte
pour s'y maintenir avec violence,
jusques à la jonction des trouppes que leur armée navale devoit
metre en terre , mais que la
nôtre empécha avec succez ; quoy
que d'ailleurs l'on eut assez bien
bouché tous les passages par la
promtitude & le soin exact du
Mar-

Marquis de Leganez , Gouverneur de Milan. Mais celà ne laissoit pas d'inquieter Eduard , qui
s'advisa d'écouter Gauffridy dans
la direction de cette affaire. Car
étant imbu par tant, & de si divers
évenemens , que cette nation ne
sort pas volontiers d'une place où
elle met une fois le pied (Man-
toüe, Pignerol , Turin, Cazal, Nani lib. 10.
& quelques autres preuvent hau- f. 668. Ann.
tement une verité si manifeste) 1631.
il publia qu'il vouloit leur faire Brusoni lib.
toucher l'argent de leur solde , 17. f. 439.
& sous ce pretexte il les fit sortir
hors des portes , afin d'y passer
montre : ce qu'ayant obtenu avec
facilité , il braqua aussi tôt le canon contre eux , & leur signifia
que son accommodement étoit
conclu avec l'Espagne , faisant
éclater les vifs ressentimens d'une
juste aigreur contre la France,
qui l'avoit embarqué dans une

F 2   me-

mechante caufe, & fouffert que
toutes les forces du Milanois,
jointes à celles du Duc de Modéne, fondiffent fur luy, avec
l'épouvante,& la defolation de fes
Etats. François d'Eft rendit Rof-
féne à Eduard, qui fut rétably
entierement dans les terres qu'on
luy avoit enlevées, outre la pleine
poffeffion des Principautez, &
des revenus qu'il avoit dans le
Royaume de Naples. D'ailleurs
Eduard reçeut 100. mille écus
pour l'evacuation de Sabionede
(dont il étoit le depofitaire) qu'il
rendit à D. Anna Caraffa Princeffe de Stigliano par un coup
judicieux & utile, epoufée au Duc
de Medina de las Torres, afin
que cet Etat tres-confiderable
n'échut à quelque autre puiffance
emulatrice de celle d'Efpagne, &
qui portât de l'ombrage, & de la
jaloufie au Milanois. Ainfi l'on
vin

vint à bout d'une entreprise
si importante, & si difficile, a-
près tant de soin & d'empressement que l'on apporta inutilement pour la conquête de cette
place.

Mais il est temps de rejoindre
Gaufridy, & d'avancer que l'on
recompensa avec profusion un of-
fice si singulier. Il n'en fut aussi
pas ingrat; car ayant continué (a-
près le decez d'Éduard) dans la faveur de Rainuce II. il inspira au
fils les mêmes sentimens qu'il a-
voit fait au Père, donnant au soin
avec lequel le Marquis de Caracéne le cultivoit, ce passage tres-
important de la rive opposée du
Pò, (qui étoit par les Etats du
Duc, l'ôtant aux François) qui à
la verité conserva Crémone, & fit
échoüer devant cette place, les
armées de France, de Savoye, &
de Modéne.

Brus.lib.17.
f.586.anno
1649.

Lib. 16. f.
558.ann.
1644.

Mais

Mais comm'il eſt un autre
maxime de la conſequence,& utilité que la precedente,& qui l'en-
tre-touche en effet ; je veux m'é-
tendre ſur l'importance,& l'avantage enſemble que l'on en tire,par
une reflexion ſerieuſe & delicate.
Un Ambaſſadeur eſt le confident
de ſon Maître, auſſi bien qu'un
habile favory; avec cette diffe-
rence touteſfois, que celuy-cy a
la conduite des affaires particulieres, & celuy là des generales
qui concernent l'interêt de l'E-
tat.La fidelité, ou la corruption
de tous deux , eſt le ferme appuy,
ou l'inſtrument fatal , qui ſoû-
tient , ou jette dans le precipice
une Monarchie qui chancele.

Bruſ.lib.15.
fol. 516.
anno 1647. L'on s'eſt ſervy à Madrid autrefois d'une ſcience ſi conſommée ,
quand l'on y gagna le Comte Ful-
vio Teſti , qui faiſoit dans cette
Cour la fonction d'une Ambaſſade

de ordinaire pour François d'Est
Duc de Modéne.

Outre les services de consequence durant cet employ que D.
Estevan de Gamarra a rendu à la
Monarchie, & dont il a emporté
une gloire eternelle, & achevée,
cet éclairé Politique penetra à
fonds l'essence d'un coup si judicieux, dans ce grand dessein qu'il
conçeut si heureusement, & dont
il vint à bout avec des applaudissemens universels, de prendre par
ce foible D. Fernando Tellez de L'an 1658.
Faro, durant ses negociations à
la Haye, pour Alphonse Duc de
Bregance, cet Usurpateur du
thrône de Portugal. L'on entra
par ce moyen dans ses instructions
& l'on eluda avec facilité les mesures du Rebelle. Apres tout il
est tres-constant, que d'autres
en suite de ces deux là pourroient
tomber dans le méme piege, &
se

se laisser éblouïr par cet insinuant
éclat dont l'on recompensa ce fidelle & glorieux transfuge.

J'ay deduit l'importance de
faire un choix judicieux des Ambaffadeurs, & l'effet advantageux
de leurs negociations; je viens d'y
adjoûter avec éclairciffement la
neceffite invincible de tirer dans
nos fentimens les favoris des
Princes, qui feuls ont la clef de
leurs Cabinets, & fur lefquels ils
dechargent en partie la conduite
des affaires qui concernent l'Etat.
Il refte à ébaucher l'utilité que
l'on en tire, & de preuver mani-
feftement, que la profperité, ou
l'unique adverfité des Souverains
en depend.

Loüis Sforze, de concert
avec le Duc de Savoye, les Marquis du Monferat, de Salu-
ces, & Hercule d'Eft Duc de
Ferrare, ont en faveur de Charles

les VIII. rendu la conquéte du
Royaume de Naples moins épineuſe. Mais comme l'on regarde
ordinairement de mauvais œil la
gloire naiſſante d'un Prince voi-
ſin, & emulateur, la proſperité de
Charles , & la jalouſie de l'Etat,
reunirent les premiers Potentats de l'Europe, & de l'Italie en
particulier, dans les mémes ſentimens , dont la diſcorde leur eut
été funeſte , & ruineuſe. Alexandre VI. Maximilian, Ferdinand
d'Arragon , Veniſe, & Loüis
Sforze ont été ces alliez ſi redou-
tables , qui ſous la conduite de
François de Gonzague s'oppo-
ſerent vertement au retour de
Charles en France , luy livrant
ſur les rives du Taro ce combat
douteux, & ſanglant , qui n'eſt
point encore decidé pleinement
des parties. Ferdinand Roy de
Naples ſe rétablit dans ce grand

Inſita mor-
talibus natu
ra , recenté
aliorum feli
citatem æ-
gris oculis
introſpicere
moduinque
fortunæ à
nullis magis
exigere, quá
quos in æ-
quo vidère.
Tacit. 2.
Hiſt.

Pietro Mar-
cello vite di
Prencipi di
Vineg f.132.
Mar. T. 2.
lib.26.f.466.
ann.1495.

état enlevé , par le moyen de Ferdinand d'Arragon , & de la Republique de Venife , donnant en depôt à l'Efpagne (pour un benefice fi important) jufques au plein rembourfement des frais , Rheggio , l'Amantée , & Crotone ; au Senat ; Brindifi, Trani, Poligniano, Monopoli , & Otranto, afin de le fecourir avec 700. hommes d'armes, 500. chevaux legers & 3000. fantaffins , pendant que l'armée navale gardât les côtes maritimes du méme Royaume. La formidable ligue de Cambray dont l'orage alla fondre fur Venife, reduifit cette floriffante Republique à la befaçe , & à peu prez dans les lacs , & dans les Ifles de fon origine , en la depoüillant (fi l'on ôte Trevigi) de tout fon Etat de terre ferme. Jules II. reprit Faenze, Ravenne, Rimimini, Cervia, Imole , & Cezéne

Marginal notes:

Fol. 468.

Fol. 471.

Guicc. lib. 3. f. 81. ann. 1496.

Mariana T. 2. lib. 21. f. 578. ann. 1504.

Pietro Marcello f. 142.

ne. Maximilian outre le Frioul, leur enleva Roboreto, Verone Padoüe, & Vincenze. Loüis XII. Cremone , Brescia , Bergamo, Créme , & toute la Ghierradadda. Ferdinand d'Arragon recupera ses places de la Poüille. Le Marquis de Mantoüe , & le Duc de Ferarre porterent aussi leur coup, & reprirent avec facilité l'Asola, Lunato , & le Polesin de Rovigo. Au reste cette fatale revolution , & ce general bouleversement avec tant de secousses, fut l'unique effet du funeste echéc que Loüis XII. donna au Comte de Pitiglian , & à l'Alvian leurs Generaux à la journée de la Ghieradadda.

Guicc. lib. 8. fol. 213. ann. 1508.

Mais descendons plus bas, quittons ce siecle écoulé pour borner nôtre curiosité dans l'étendüe du present , que tant d'accidens & tant de ligues ont rendu autant,

ou

où plus memorables que l'autre.
Cependant que le Marquis Spinola (après la prise glorieuse
d'Oppenheim à la barbe de
Joachim Marquis d'Anspach
Generalissime de l'union protestante en faveur de Frederic) avec
25. mille hommes remplissoit
l'un & l'autre Palatinat de la terreur de ses armes; le Duc de Saxe
à la tête d'une armée, guerre inferieure à celle de Spinola (l'interét de l'Etat ayant prévalu sur
celuy de la religion, moins entrainante que l'autre dans l'esprit
de cet Electeur) reduisit la Lusace,
& Budissin, qui en est la capitale.
En suite d'un succez si heureux, il
detacha un corps de 14. mille
hommes, qui s'empara de Glosgau, & en ébranla toute la Silesie. Cette Province avec la Moravie avoit souffert déja l'invasion
des Cosacques sous la conduite
d'Homonay

Nani lib. 4.
£.236. ann.
1620.

d'Homonay. Mais durant tout
ce fracas Maximilian de Baviere
(qui étoit le troisiéme avec l'Electeur de Saxe & l'Archiduc Al-
bert, à qui Ferdinand commit
l'execution du ban fulminé contre le Palatin) ne restoit point les
bras croisez, ny inutile spectateur
de la gloire des deux autres. Elle
aiguillona la sienne, & ce Prince
si grand s'empressa d'adjoûter ses
trophées aux leurs. En effet il re-
mit l'Austriche superieure dans le
devoir, & dans l'obeissance de
Ferdinand. Lintz succomba sous
la pesanteur de ses armes, & ce
qui restoit de cette Province in-
fidelle & malheureuse reçeut méme branle que sa capitale. Ce
succez, joint à tant d'autres que
l'on a vû de nos jours durant cette
funeste revolution des affaires de
l'Allemagne, ont marqué pleinement que la maison de Baviere

fut

fut le foutien de celle d'Auftriche que le Duc de Saxe donna un grand poids à l'un des partis ; que Ferdinand & Guftave Adolphe s'en prevalurent fucceffivement ;

Nani lib. 4. f. 239. ann. 1620. Baviere avoit 14000. hommes, lib. 8. f. 556. an. 1631. Saxe avoit 12000. hommes.

& que fi Maximilian partagea la gloire que l'on emporta à la bataille du Mont blanc fur Federic le Palatin , que le Duc de Saxe en celle de Leipfich , donna auffi à Guftave le méme avantage contre Tilly , ce vigilant , & fameux Capitaine.

Quand Charles de Gonzague Duc de Nevers prit de haute lutte la poffeffion de Mantoüe , & du Monferrat , époufant Marie heritiere de l'un & l'autre de fes Etats , contre le fentiment de Ferdinand II. & fans luy en demander l'inveftiture : l'Efpagne qui appuyoit le Duc de Guaftalla, dans fes pretenfions , & Charles Emanuel, qui avoit les fiennes,

(outre

(outre l'intérét de l'Etat qui en
est la loy supréme, & la plus forte)
firent ce fameux partage du
Monferrat, par où Cazal fut cedé
à l'Espagne avec Pontesture,
Moncalvo, Nizza, Acqui, Pon-
zone, & toutes ces terres qui
s'étendent par les Langhes jusques
à la rivière de Gennes : Trin,
Albe, & S. Damian firent l'ambition de Charles, qui vint à bout
facilement de ces depoüilles,
quand l'effort de la Monarchie
échoüa contre Cazal, & quand
la fatalité traversa un dessein qui
étoit assez bien concerté, & que
l'on crût infaillible, si l'on se fut
servy d'autres mesures, & si le peu
d'intelligence des conquerans
n'eut point fait avorter une entré-
prise si glorieuse & utile.

George Duc de Lunebourg,
& Guillaume Landgrave de
Hesse presserent vivement l'Ele-
cteur

Brus. lib. 4
f. 5. ann.
1628.

Nani lib. 7.
f. 424.

Nani lib. 9.
f. 590. ann.
1633.
Gualdo
part. 1. lib. 6.

&teur de Cologne, & bâtirent à
platte coûture le Comte Jean de
Merode, qui veilloit avec une
armée que l'Espagne mit sur pied,
à la conservation de la Westpha-
lie. Ce General si experimenté,
essuya ce coup fatal, & funeste,
dans le dessein qu'il avoit de faire
couler un vigoureux secours dans
Hamelen, que l'un & l'autre de
ces chefs protestans tenoient fortement investie. Il laissa à ces vain-
queurs (outre la place assiegée
qui se rendit immediatement avec
quelques autres) ses troupes,
son canon, & le bangage, dans la
même conjoncture que la France, en qualité de protectrice,

L'an 1631. s'étoit saisie déja, sous la conduite
du Comte de Suze, de la ville de
Treves, & de la forte place d'Her-

L'an 1637. menstein, qui coûta à Jean de
Wert un siege si trainant, & si difficile.

La

La Suede asseurement plutôt que la France , incapable d'elle méme à choquer l'Empire , l'af-foiblit par des échecs tres consi-derables. Deux cens villes,& deux batailles emportées dans les plai-nes de Lipsich,en font foy , & im-mortalizent la gloire de Gustave Adolphe , ainsi que celle de Tor-tenson, d'Oxenstern,de Waimar, d'Horn,de Slang, de Wrangel,de Banner , & du Rhingrave , qui porterent haut ce formidable party , couvrant la Suede de lau-riers , & donnant moyen à la France de pousser ses conquétes, & ses avantages. Cette diversion toutesfois ne coûta que fort peu à Louis XIII. il ne donnoit à ce Roy invincible que 400. mille écus par an , afin d'en dresser une armée , & l'entretenir à ses frais composée de trente mille hom-mes,& de six mille chevaux. Guil-laume

L'an 1631.
L'an 1642.

Par le traité de Berwald, l'an 1631.

laume Landgrave de Heſſe, s'o-
bligea d'en mettre une autre ſur
pied, forte de dix mille hommes
pour deux cens mille richdales.
C'et allié auſſi ne fut point ingrat,
ny inutile pour ſon party. Il fit
lever le ſiege d'Oſnabrug, ſur-
prit Minden, & porta du ſecours
dans Hanau, que le General
Lamboy preſſoit vigoureuſe-
ment. Amelie Eliſabeth (cette
Heroïne, & Amazone de nôtre
ſiecle) veſve du Prince precedent, eut le même attachement
pour une penſion ſemblable.
Bernard Duc de Waimar ne
touchoit que quatre millions de
livres employez à l'entretien de
celle qu'il commandoit pour le
ſervice du même Royaume.

Mais quoy que ces frais ſem-
blent grands à pluſieurs, ils ne le
ſont pas en effet, ſi l'on en peſe
judicieuſement l'utilité. Ratisbonne

Traité de
Wiſmar an.
1636.

Nani lib. 10.
f. 663 ann.
1636.

Traité fait à
Weſel l'an
1639.

Traité de
Briſac l'an
1639.

L'an 1633,

bonne ſuccomba à ſes efforts ; &
cette perte remplit l'Empire , &
la Baviere en particulier , d'horreur & d'épouvante. Il bâtit le L'an 1637.
Duc de Lorraine qui s'oppoſoit
au ſecours qu'il s'empreſſoit
d'introduire dans Hanau , que
Jean de Wert tenoit fortement
inveſtie , & qui apres la priſe de
cette place importante , fit jonction de ſes trouppes à celles de
Savelli , afin d'empecher la chute
precipitée de Rhinfeld , qui veritablement , malgré les efforts
preſſans de Waimar , luy echappa
à ce coup , par un echec aſſez
grand qu'on luy donna , outre la
perte de ſon canon avec celle
d'une partie du bagage. C'eſt dans
ce méme lieu , où Henry Duc de
Rohan ce General parfait , & ce
Politique achevé , perdit la vie
malheureuſement , & où il legua
ſes armes en don à l'Auguſte Senat

nat de Venife, pour une marque
eternelle de fa gloire, & enfemble d'une eftime particuliere pour
cette fage, & éclairée Republique. Mais Waimar tira bientôt
raifon de ce defavantage, car étant
pouffé à bout, & ne voyant pas de
reffource dans un mal infurmon-
table, il fit de neceffité vertu, &
fon cœur, comm'il étoit d'une
trempe trop noble pour pâlir à
l'afpect des hazards & des perils,
luy fit tourner tête, & aprés un
combat foutenu longtems & vi-
goureufement de part, & autre,
les trois Generaux de Ferdinand,

Guald. part. 1. lib. 4. an. 638.

Jean de Wert, Savelli, & Echen-
furd, augmenterent par leur pri-
fon leur propre defaite, & enfemble la gloire de Waimar. Rhinfeld Capitula, Neuburg, & Fri-
burg reçeurent même branle. Et

Lib. 16. fol. 439.
Lib. 15. f. 426.

Brifac fe rendit à ce même chef,
aprés un long & memorable fiege

ge, où il defit Golts, Savelli, &
Ghets, dans l'empreſſement de
ſecourir cette place chancelante,
& qui tomba par la funeſte emulation de ce dernier, qui ne ſeconda pas les vifs, & les mâles efforts
des deux autres.

Charles de Lorraine ſe decla- Nani lib. 9.
ra utilement pour l'Empire, & f. 591. ann.
dans une occurrence facheuſe où 1633.
Ferdinand avoit des puiſſans ennemis ſur le bras: en effet ce Prince avec une armée aſſez conſiderable fit une puiſſante diverſion,
prit Haguenau & Colmar, pendant que le General Milander
par la jonction de ſes trouppes à
celles du Prince d'Orange, facilita la chute de Rhinberg, & que
Waimar ravageoit la Franconie,
Horn, & Banner la Baviere par
la priſe de Munich, & de l'Eveché d'Aichſtad, & dans cette con-
jonĉture encore ſi facheuſe, où
                                    le

le Rhingrave pouſſoit avec vigueur les Imperiaux dans l'Alſace. Charles encore pour ſe vanger hautement des traits injurieux, dont la France baiſſa la grandeur de ſon ame intrepide par le depôt violent de Nancy, ravagea (joint au General Lamboy) la Bourgongne, portant dans la Champagne ce cruel & rude fleau de la guerre.

L. 10. f. 660. an. 1636.

L'Angleterre, ſous Cromvel, fit tomber Dunquerque, & elle donna ce grand branle à la bataille des Dunes, & à l'avancement d'une paix qui nous eſt ſi ruineuſe.

L'an 1658.

Mais ayant fait le tour de l'Allemagne & parcouru les Provinces limitrophes des Pays-bas, il eſt tems de penetrer dans l'Italie; & ſur ce point d'éplucher par le menu les interéts de ſes Princes.

La Republique de Veniſe ſoûtint

tint long tems Mantoüe, & elle
fut une épine assez embarassante au
Milanois pour le fait de la Valteline. Charles Emanuel porta
toûjours hautement le party
qu'il embrassoit. Victoire Amedée tira le Duc de Crequi d'un
méchant pas, & sauva l'armée de
France à la bataille de Tornaven-
to, où la nôtre sous Leganez,
ayant vivement chargé l'autre, &
forcé ses retranchemens du Pan-
perduto, étoit sur le point d'emporter un signalé, & glorieux
avantage, si Victoire y arrivant
d'Oleggio precipitemment, n'eut
pas sauvé Crequi, & arraché à
Leganez une victoire asseurée, &
infaillible. Aussi longtems que
l'Espagne eut dans ses interéts le
Cardinal Maurice, & le Prince
Thomas, ses affaires prospererent
en Italie, & tant que dura un attachement si utile, elle porta la
guerre

Guald. part:
1.lib.10 .f.
337. ann.
1636.
Bruf. lib. 4.
f. 138.
Nani lib. 10.
f. 653.

guerre au dehors, qu'elle eut
fouffert à moins de celà dans le
cœur du Milanois. Eduard Far-
naife Duc de Parme traverfa
beaucoup les progrez de la Monarchie, & avança puiffamment
ceux de Loüis XIII. Ce fervice
fi éclatant, & une diverfion fi importante ne luy coûta qu'un peu
d'argent, & quelques trouppes
avec plufieurs promeffes fans effet. Car ce Prince ambitieux, & qui
avoit le cœur plus grand, & plus
vafte que fon Etat, entra dans
une forte ligue avec la France &
avec Victoire Amedée (Charles
Duc de Mantoüe n'y préta que
le nom fans aucune hoftilité plus
manifefte) fous ces articles entre
autres ; que cette union feroit
en vigueur le tems de trois années, la France promettant, outre dix mille hommes dans la Valteline, de maintenir en Italie
une

une armée forte au moins de
douze mille fantassins, & de mille
& cinq cens chevaux. Savoye
devoit mettre sur pied six mille
des uns, & mille & deux cens
des autres. Parme cinq cens de
ceux-cy, & trois mille des der-
niers : l'on ne devoit pas accorder
la paix, qu'à moins que l'Espagne
ne restituât ce qu'elle tenoit des
alliez, avec obligation de partager
la conquéte, & les depoüilles,
du Milanois. Mais cette union fut
tres pernicieuse à Eduard, car ce
Prince infortuné se vid aprez ce
funeste & malheureux siege de
Valenze (dont il attribua le sinis-
tre evenement au faste, & à l'orgueil de Crequi) investy dans
Plaisance par toutes les forces du
Milanois, & ce fut alors qu'il dut
se renoüer à l'Espagne, en se de-
faisant par un subtil & plaisant
stratagéme des trouppes auxiliaires de France.   G

Nani lib. 10.
f. 624. ann.
1635.

François d'Eft Duc de Modéne fervit la France avec l'utilité

L'an 1656. que l'on fçait. Valenze attaquée
pour la feconde fois, & emportée
en fuite d'un fiege vigoureux,
marqua fon zele pour cette Couronne , & à même tems fa bravoure & fon intelligence au fait

L'an 1658. de la guerre. Mortare apres une
mâle defenfe du Gouverneur
Moroni , ceda auffi aux efforts
•d'une conduite fi concertée.

Le Marquis de Caracéne penetra à fonds la confequence d'une
maxime fi forte & fi utile, quand
pour rendre facile ce grand deffein
de la reduction de Cazal , (pierre
d'achopement de la monarchie,
& le funefte écueil où s'échoüe-
rent trois armées florifantes) il

Bruf. lib. 19.
f.645. an.
1652. crut que Charles II. Duc de
Mantoüe, laffé d'une ufurpation fi
pefante , luy tendroit le bras
pour en faciliter la conquéte. Il
ne

ne se trompa pas dãs ses conjectu-
res , puisque par la jonction de ses
trouppes à celles de ce Prince,
il acheva ce grand ouvrage, qui
remplit l'Italie d'admiration , &
d'applaudissemens.

Et soit que tous ces Etats &
tous ces Princes ayent agis par
leur propre interéts, & afin de
tenir en echec l'Espagne , & la
France, depuis si longtems rivales,
ou que les pensions soient l'a-
morce, qui ait attiré puissamment
ces petits Potentats dans les sentimens de l'un ou de l'autre. Il est
certain que l'agrandissement d'un
Etat en depend quelques fois,
aussi bien que l'heureux ou sini-
stre evenement de la guerre. J'adjoûte encore un exemple aux
precedens , pour faire concevoir
l'importance d'une politique
si consommée. Henry VIII.
donna la balance à la fameuse

con-

concurrence de Charles V. & de
François I. laquelle a tant couté
de fang à la Chrétienté. Il foûtenoit toûjours le party chancelant,
& felon fon caprice, ou fes interéts, il faifoit prevaloir alternativement l'un fur l'autre ; & par un
archet qu'il prit pour divife avec
ces mots , *cui adharco præeft* , il
exprima affez la delicateffe de fa
penfée. Le Cardinal Wolfey, qui
étoit d'une naiffance baffe , mais
qui avoit une ambition fans bornes , picqué de ce que Charles ne
le traittoit plus du nom de Pere,
& qu'il ceffât de luy écrire de fa
propre main (ou ce qui eft plus
vray femblable , aprez le refus
qu'on luy eut fait de l'Archéve-
ché de Tolede, par ce que Adrien
VI. l'avoit emporté fur luy dans
le conclave par le credit de l'Empereur) pouffa fon maître à des
animofitez injurieufes, qui caufe-
rent

Camd. dans fa preface.

rent, premierement un divorce fatal entre luy & Catharine d'Aragon, & en ſecond lieu ce mariage ſi enorme d'Anne de Boulen, l'un & l'autre le germe deplorable d'un ſchiſme ſi funeſte, qui depuis a degeneré ſi malheureuſement en hereſie.

Wolſey ne fut pas exemt d'un orage univerſel, & ce fameux inſtigateur eut la juſte recompenſe de l'avoir ſuſcité. Henry le depoüilla de tous ſes biens, & condemna en de groſſes amendes les Evêques, qui avoient recognu l'authorité de ſa deputation au préjudice de la préeminence Royale, & à même tems il uſurpa le titre de Souverain Chef de l'Egliſe Anglicane, qui luy fut deferé par le Synode, & par les Academies de ſon Royaume.

Eliſabeth plus éclairée infiniment que ſon Pere, uſurpoit ſouvent

Camd. 2.
part. fol.
416.

vent la méme divife : *Celuy l'emporte pour qui je fuis* ; & il ne s'avera que trop par la maxime qu'elle obferva toûjours de tenir en echec le plus fort, que l'Efpagne & la France font les baffins en la balance de l'Europe, & que l'une & l'autre reçoit fon branle de l'Angleterre, qui en eft le balancier.

Mais c'eft trop m'arréter fur une matiere fi vafte, puis qu'il m'en refte une autre à éclaircir, de pareille importance, & de méme haleine. Je ne pretends pas de la traitter icy pleinement, je la referve dans un autre difcours, où je l'étaleray toute nüe avec fes ornemens naturels. Je vay donc deduire, fans m'étendre trop, une maxime qui pourra en quelque façon rapeller la fortune fugitive de l'Efpagne, & la retirer malgré tous fes efforts

d'un

d'un Royaume qu'elle favoriſe ſi
avantageuſement depuis quelques
années. J'oſe encore avancer ſi
on vient à la traiter avec toutes
ſes meſures & les précautions de
ſon ancienne politique , qu'elle
quittera facilement un party dans
lequel elle ne s'eſt jettée que
parce qu'on la traittoit trop rudement dans l'autre. Et quoy que
pluſieurs en vont étre choquéz in-
dubitablement,la gloire toutesfois
d'ébaucher une verité ſi éclatante,
diminüe les objets d'un orage que
je ſuis toûjours prét d'eſſuyer , &
qu'un nombre ſi grand d'intereſ-
ſez doit me ſuſciter , parce qu'à
méme tems elle me groſſit les
applaudiſſemens de la partie la
plus ſaine de la monarchie. D'ailleurs mon innocence me conſole,
& me met à l'abry des inſultes
que j'attens avec fermeté , aprez
tout ceux à qui l'on fait injuſtice,

apa

approuveront toûjours un sentiment, qui n'a pour but que le
bien de l'Etat, & la seureté publique.

L'on sçait avec quelle utilité
les Grands Roys ont institué les
ordres Militaires, & qu'ils en for-
merent ces bastions d'hommes
intrepides contre les entreprises
de la puissance des Maures, en ce
tems là insoûtenable. A la verité
ce fut un conseil tres-prevoyant :
aussi en tira-t'on des tres-grands
avantages. Mais comme l'on de-
genere insensiblement d'une vertu severe, qui fait qu'on l'envisage
quelquefois comme defectueuse,
quoy qu'elle ne le soit pas en effet, parce que l'on en change
l'ordre, & que la malice de quelques uns abuse ordinairement
de ces mémes moyens qui sont
l'objet, & la source des bons sentimens : Ainsi les ordres Militaires

res de S. Jaques, d'Alcantara, &
de Calatrave, furent autrefois le
motif d'une inſtitution ſainte &
utile; mais dont leurs grands Maîtres ſe ſont éloignez ; ſoit par caprice ou par emulation, ſoit par
des haines particulieres , detour-
nant le cours de ces torrens im-
petueux , dont ils renverſoient
avec gloire les obſtacles les plus
difficiles des terres infidelles,
pour remplir de leur debordement celles de leurs Souverains,
& celles encore que la religion
rendoit auguſtes & ſacrées. Ainſi
l'Eſpagne s'eſt vuë bouleverſée,
& attaquée au dedans, par ce méme moyen, dont elle croioit porter la guerre au dehors. Et pour
dire nuement ce que j'en penſe,
elle donna la forme & l'aliment à
cette vipere , qui devoit un jour
ronger ſon ſein , & le penetrer
avec tant d'éclat & de convul-

G 5

ſions.

fions. Ces maux durerent parce
que l'on n'en tariffoit pas la fource. Et cét arbre pouffoit bien
haut avec fafte les branches
de la rebellion & du defordre,
par ce que la racine peu faine étoit
humectée de l'ambition, la plus
violente de toutes les paffions.
Ainfi la ruine, la combuftion, le
carnage & cette avidité deme-
furée de s'agrandit, en étoient les
fruits uniques & funeftes. L'on
fouffrit longtems cette honte, &
ces maux fi mortels qui en réja-
lirent fur tous les peuples, parce
qu'il ne fe treuvoit pas d'opera-
teur affez habile, ny de main affez
experte pour tenter l'incifion fur
un corps fi corrompu, dont les
membres étoient couverts mife-
rablement d'ulceres caufez par
ces defluxions fatales, qui tom-
boient de la tête avec violence fur
fes parties fubalternes. Il en eut
qui

qui conçûrent bien cette penſée
d'étouffer un monſtre ſi dangereux , & de couper là téte à cette
Hydre ſi devorante pour l'Etat,
& que rien n'avoit pû encore aſ-
ſouvir : Il en eut d'autres qui le
tentérent , mais qui en ſouffrirent
auſſi des maux plus cruels que le
remede méme. Ferdinand ſeul
comme habile politique y mit ordre , ſa conduite égala la profondeur de ſon projet, & cette adreſſe (dont il s'eſt toûjours ſervy ſi
utilement) vint à bout, de ce que
peut étre toutes ſes forces &
l'Eſpagne unie n'euſſent pû faire
qu'avec des embrazemens effroia-
bles, & des deluges de ſang. Pour
un mal ſi grand & ſi fatal , l'unique
remede fut de n'y pas oppoſer de
remede. Car aprés la conquéte
glorieuſe du Royaume de Grenade ſur Mahomet Boabdeli , & le
decéz des grands Maîtres de Ca-
G 6   latrave,

Mariane T.
2. lib. 26.
ch. 5. fol.
455. an.
1492.

latrave, & de S. Jacques. D. Garcia de Padilla, & D. Alonso de Cardenas, il cessa judicieusement, d'en conferer la dignité, & comm'il ne restoit plus que D. Jüan de Zuñiga grand maître de l'ordre d'Alcantara, il le fit sonder si à propos, & il l'éblouït par des offres si éclatans, qu'il en obtint la demission sans repugnance par l'avance qu'on luy fit de l'Archévesché de Seville; mais sa liberalité s'étendit bien d'avantage par la dignité eminente du Cardinalat, qu'il impetra en sa faveur. Ainsi Ferdinand vint à bout de ce dessein si difficile. Trois Pontifes y contribuerent; Innocent VIII. les supprima, Alexandre VI. y associa la Reyne Elisabet, & Adrien VI. en permit l'union à la Couronne sous Charles V.

J'ose me flater que l'on ne treuvera

vera pas bigearre que j'adjoûte icy un incident pour marquer pleinement l'importance de cette union à la couronne. Ferdinand en mourant par un instinct de tendresse pour Ferdinand son petit fils , cadet de Charles, crût pouvoir luy laisser les trois Maîtrises des ordres militaires ; ce qui allarma ceux de son conseil, car d'abord qu'ils eurent le vent d'une resolution si pernicieuse à l'Etat , ils se rendirent en corps où il étoit , afin de luy remontrer par des raisons tres fortes & politiques , qu'il alloit exposer l'Espagne à ces dissensions civiles, & fatales, dont elle s'étoit vûë avec tant d'éclat bouleversée de fonds en comble , pour changer malheureusement de maxime en detachant ce fleuron de sa couronne , qu'il venoit luy méme d'y enter si artistement, & avec tant

de

Sandoval lib. 7. f. 46. 1616.

de foin. Car en effet , alleguerent
ils ; fi un feul grand Maître (dont
l'extraction n'étoit que noble &
peu relevée) avoit bien eu le credit , & le pouvoir de faire trem-
bler l'Efpagne, & de la remplir de
la terreur de fes armes,en s'eman-
cipant de les porter contre fon
Souverain avec des fuites & d'é-
checs alternatifs, qui l'epuiferent
fi cruellement; avec combien plus
de juftice,ne devoit on pas apprehender des bouleverfemens de
plus haute conféquence, fi l'on
uniffoit les trois Maîtrifes en une
feule perfonne , principalement
dans celle de Ferdinand , dont la
naiffance étoit fi eminente , &
dont l'on devoit apprehender les
mémes maux, ou de plus funeftes,
fi l'ambition, qui eft fans bornes,
pouffoit un jour ce jeune Prince
(enflé déjà de l'eftime de ces peuples qui le confideroient comme
ori-

originaire , & Charles ſon frere
dans un climat trop éloigné) à ſe
prevaloir de cette puiſſance qu'on
luy donnoit en main avec tant d'a-
veuglement. Cette remonſtrance
verte & judicieuſe porta Ferdinand à ſuivre ce Conſeil ſi fidelle,
& à ne point ſe roidir dans ſes ſentimens, à l'exemple de bien de
Princes , qui ne demordent pas
volontiers d'une reſolution une
fois priſe, quoy que ſans meſures,
parce qu'ils en ont étez les autheurs, & parce qu'ils veüillent
à ce ſeul prix qu'on l'execute.
Mais Ferdinand avoit l'ame placée trop noblement pour ne pas
écouter la raiſon , & pour ne pas
ſe relacher en faveur de l'Etat
d'une tendreſſe qui pouvoit luy
ſuſciter bien de troubles avec une
guerre cruelle & civile. Ainſi cet
Auguſte Ayeul entra dans leur
précaution, & ne donna à ſon petit
fils,

fils, que la principauté de Tarante qui eſt au Royaume de Naples & les villes enſemble de Corto-ne, de la Tropéa, de l'Amantée, & de Gallipoli avec trente mille ducats de revenu perpetuel, outre cinquante mille qu'il luy adjugea durant ſa vie.

Mariana T. 2. lib. 30. ch. 27. fol. 637. an. 1516.

Les revenus des Comman-deries de S. Jacques montent en Caſtille à la ſomme de 163. mille & 900. ducats. En Leon à celle de 106. mille & 100. (outre 3560. des Alcaydias) L'ordre de Ca-latrave rend 96600. les Prieu-rez 7880. Alcantara 86280. & les Prieurez 6200. De maniere que tout cela enſemble porte an-nuellement quatre cens 70. mille 520. ducats, ſans les 300. mille que le Roÿ en tire, & ce que les Foucres, ou ceux qui les prennent à cenſe, doivent donner aux Che-valiers qui ne ſont pas Comman-deurs.

deurs. Voyez ſi un grand Maître
n'avoit pas de quoy former un
puiſſant party dans l'Etat , &
de morguer ſon Souverain méme.

Mais comme rien ne perſuade
avec tant de force que ce qui eſt
appuyé par l'image éclatante des
evenemens paſſez ; j'en veux
ebaucher icy un avec tous ſes
traits, afin de donner à la poſteri-
té le tableau vivant d'une verité
ſi manifeſte. Henry d'Aragon
(Prince inquiet , & turbulent)
grand Maître de l'ordre militaire
de S. Jacques eut la temerité de ſe
liguer avec Dom Rodrigo d'Avalos General de la Cavallerie , &
Dom Pedro Manrique Adelan-
tado de Leon , pour s'emparer
(comme ils firent à Tordeſillas)
de Jean II. Roy de Caſtille.
Henry en uſa arrogamment , & il
le tint auſſi long tems dans cette

Mariana T. 2. lib 20. cap. xi. fol. 228. ann. 1419.

te pompeufe fervitude , qu'il en
arracha avec facilité cette capitulation ignominieufe, par où Jean,
outre l'amniftie, luy donna la maî-
trife de S. Jacques hereditaire (le
Pape Martin y confentit en fuite)
outre celà Jean dut fouffrir que
Henry époufât fa fœur la Princeffe Catherine avec la principauté de Villéne en doüiaire. Il eft
vray que ce Roy infortuné étant
déja majeur, fe vengea pleinement
d'un infulte & d'un outrage que
l'on avoit fait à fa minorité , caf-
fant ce qu'il n'avoit accordé que
contre fon fentiment & par violence.   Car il fit arréter Henry
comme il venoit à Madrid pour
fe treuver aux Etats Generaux
que l'on tenoit en cette ville. Ro-
deric d'Avalos par une prompte
fuite fe mit à l'abry d'un orage
qui devoit fondre fur luy. Car
fes lettres au nombre de 14. (que
l'on

Fol. 229.
ann. 1420.

l'on produiſit) verifierent l'intelligence qu'il avoit en faveur
d'Henry avec Juzep Roy de Grenade. L'on donna ſon bien à d'autres ; & comme l'on établit ordinairement une fortune naiſſante
ſur les fameux debris d'une autre
qui chancelle ; ainſi l'illuſtre Fa-
mille d'Avalos s'éclypſa en Eſpagne, & ſouffrit funeſtement que
les Faxardos, les Henriquez, les
Sandovals, les Pimentels, & les
Zuñigas partageaſſent entr'eux
Arcos, Arjone, Oſorno, Riba-
deo, Candeleda, & Arena qui en
étoient les plus riches & les plus
ſuperbes depoüilles. Mais d'ailleurs comme un bien eſt talonné
ſouvent de quelque mal, & que
le mal par une ſurprenante viciſſitude eſt quelquefois le germe
d'un grand bien : de même Ro-
deric d'Avalos rendit des ſervices
trop conſiderables dans le Royaume

No ay bien
que no ven-
ga para mal,
ni mal que
no venga
para bien.

Serví queſt'
iutoppo di
Sbalzo alla
ſua fortuna.
Cb. 16ſ.
243.

me de Naples à la maison d'Aragon, pour n'en pas étre recompensé dignement, sa vigueur mâle
& guerriere, luy acquit des biens
considerables, & ce grand homme laissa, avec des états tres-
importans, cette illustre & glorieuse posterité des Comtes de
Potenze, & de Sarno, des Marquis du Gast, & de Pesquaire,
outre le Prince de Montesarchio
qui en est de nos jours. Mais
comme Jean relachât peu judicieusement Henry d'Aragon, il
eut pour ce bien fait l'insensibilité
ordinaire, & il vid ce Prince si ingrat en sa faveur contre luy, sou-
lever à peu pres toute l'Espagne
& attirer dans son party avec artifice les Grands Maîtres de Calatrave & d'Alcantara, Loüis de
Gusman, & Jean de Sotomayor,
Velasco sommellier de corps, &
le Roy de Navarre, sans encore
un

Chap. 13. f,
241.

un grand nombre d'autres, qui malgré le foible effort de Iean, l'obligerent à banir de la Cour, pour dixhuiⅸt mois, D. Alvaro de Luna ſon favory.

Ainſi eſt-ce ſouvent que les Souverains reçoivent la loy de leurs ſujéts, par ce qu'ils ne puniſſent pas un crime d'Etat, qui bleſſe la Majeſté & les loix municipales du Royaume, par des chatimens rigoureux qui en bornent l'enormité, ſoit pour la ſeureté preſente de leurs perſonnes, ou pour tenir à l'avenir leurs ſujéts dans le devoir par une vengeance prompte, & juſte, qui glaçat les cœurs, & fit concevoir de l'horreur pour des attentats de cette nature. Auſſi mon deſſein eſt de deduire un jour par cent evenemens que j'ay prets ſur cette matiere funeſte & malheureuſe, qu'une clemence ſans diſcernement eſt l'écueil des Sou-

Tradito Principibus moræ munimentum in præſens, in poſterum ultionem. Tacit. 1. Hiſt.

Souverains auſſi bien que la rigueur trop inexorable,& que l'on
peut bien avancer icy cette ſen-
tence cruelle, quoy que tres-utile
que le Pape Clement IV. François de nation envoya à Charles
d'Anjou contre l'infórtuné Con-
radin, *Mors Conradini, vita Caroli,*
vita Conradini, mors Caroli ; Et
que l'on ſuggera inceſſamment
à Eliſabeth contre Marie Stuard
Reyne d'Ecoſſe ; *Mors Mariæ, vi-*
ta Eliſabethæ, & vita Eliſabethæ,
mors Mariæ. Enfin je conclus que
la mort d'un rebelle eſt la vie
du Prince, & qu'au contraire la
vie d'un rebelle eſt la mort d'un
Prince.

En effet un Potētat doit moins
oublier une injure qui choque la
Majeſté, que non pas un ſervice
tres-ſignalé. La conſequence
d'eſtre indulgent eſt plus pernicieuſe infinement que celle d'étre
par

par trop ingrat. L'indulgence ne s'exerce qu'avec des ſecouſſes, & des bouleverſemens de l'Etat; quand l'ingratitude ne donne qu'une legere atteinte, que la munificence des Souverains efface à même tems. L'une porte un coup qui ne fait que comme effleurer la peau, l'autre penetre juſques au cœur, où il inſpire cet ardent deſir d'un vif reſſentiment, qu'il voile du vain & faux dehors d'une ſoûmiſſion éblouïſſante, juſques à ce qu'il puiſſe ſe ſervir d'une conjoncture utile & favorable, pour faire éclater les marques de ſa colere irritée. Car ainſi qu'il n'eſt rien que le ſang de bouc qui amoliſſe la dureté inflexible du diamant, le rendant ſuſceptible de la forme que l'on veut; de même une prompte & large munificence adoucit facilement, & tempere la rude violence d'une ingratitude,

Illa invicta vis duarum violentiſſimæ naturæ rerum, ferri igniſque contemptrix hircino rumpitur ſanguine Plinius lib. 37. cap. 4.

qui

qui par fois nous échappe insensiblement ; c'est l'Aquilon qui
porte l'orage & le tumulte dans
un cœur, mais que l'air insinuant
& le zephir benin d'une parolle
obligeante, calme immediatement. Quand au contraire l'indulgence bat foiblement ces
cœurs durs & inexorables, dont
la revolte occupe les avenües
pour en banir la raison qui cede
aux insultes d'une passion si insoûtenable. Enfin ces ames sont
d'une trempe d'acier, il n'est toutefois que le sang qui puisse amo-
lir ces diamans, & éteindre ensemble cette profonde soif d'une
ambition demesurée, parce qu'il

Nullis me-
ritis perfi-
dia mitigari
potest. Curt.
lib. 7.

n'est pas de bienfait qui puisse
adoucir une perfidie, & que l'on
treuve une espece de grace que
l'on abhorre, & dont le seul sou-
venir inspire de la frayeur, & de
l'épouvante. D'ailleurs l'on a
honte

honte d'avoir merité la mort , & quoy que nos forfaits soient manifestes , & que l'on ait poussé un attentat dans toute son étenduë, l'on se flatte toûjours,&l'on croit fortement d'avoir reçeu plûtot une injure , que non pas la vie. Ainsi un Souverain, de quel biais vous le preniez , flote toûjours dans l'incertitude ; l'apprehension l'inquiete, l'irresolution l'allarme, & toutes ces passions ensemble jettent le trouble dans son esprit , en bannissant la tranquilité , pour y faire naître ce perpetuel conflict de passions diverses , & s'entrechoquantes. Mais le mal est que ce combat est d'autant plus fatal & funeste, qu'il se livre contre des ennemis que l'on ne void pas, & dont l'on doit toutesfois se precautionner avec tant de soin & d'exactitude.

La justice est le motif de leur

H   hai-

Quædam beneficia odimus. Meruisse mortem confiteri pudet. Superest ut malis videri injuriam accepisse, quàm vitam Curt.lib.6.

Proindescio tibi cum illis de salute pugnandum ibid.

haine, & celle-cy projette une vengeance proportionée au ressentiment d'une punition exemplaire,
que ces criminels traitent d'offençante, & d'injurieuse. Mais il
ne reste qu'une resource; c'est que
la vertu rigide, & que l'âpre severité est aussi bien la baze d'un
Etat, que la juste recompense des
merites. En effet l'on n'a que par
trop d'ennemis sur les bras sans
que l'on épargne encore l'hostili-
té des sujets, ou celle d'un ingrat
domestique. Que l'on ait l'œil
sur leurs cabales, & ensemble
sur tous ceux qui auront l'audace
de tremper dans ces desseins cri-
mels; il y va de l'Etat, & souvent
de la vie du Prince. D'ailleurs
la seureté de tous deux en depend.
Il n'est rien que l'on doive apprehender au dehors, si l'on se pre-
cautionne au dedans contre cette
sorte d'hommes remuans & im-
placables.

Satis ho-
stium super-
est, latus à
domesticis
muni. Ibid.

Ita pericu-
lum ex mi-
sericordia
Tacit. 3.
Hist.

Hos si sub-
moves, ni-
hil metuo
ab externo.
Curt. 6.
Hist.

Apres tout, que l'on ne se per-
suade pas , qu'une grace toute
grande qu'elle puisse étre, ait des
traits assez forts pour en toucher
un perfide , & pour ramener dans
le devoir un rebelle. Car d'abord
que l'on s'emancipe une fois à
franchir les bornes de la fidelité,
& à porter les armes contre l'E-
tat, & son Prince ; c'en est fait,
l'on n'espere plus rien , il n'y a
point de milieu, l'on pousse à bout
la revolte, & l'on croit asseurement que le peril est l'unique remede des perils qui nous mena-
cent.

Mais en ce point je suggere
aux Potentats en general , ce que
Cratere au Grand Alexandre
contre Philotas : *Qu'un perfide est*
en état toûjours d'attenter , & d'em-
pieter sur la sacrée personne des
Princes, sans que pourtant un Souve-
rain ait toûjours le bonheur de parer

Scit eos qui misericor-diam con-sumpserunt amplius sperare non posse. ibid.

Imperium cupientibus nihil me-dium inter summa , aut præcipitia. Tacit. 2. Hist.

Imminen-tium peri-culorum re-medium,ip-sa pericula. II. annal.

Ille enim semper insi-diari tibi po-terit,tu non semper Phi-lotæ ignos-cere. Curt. 6. Hist.

H 2 *leurs*

leurs coups , ou le pouvoir de pardon-
ner les crimes qui bleſſent la Majeſté.

Le Lecteur ne s'offenſera pas
s'il luy plait , ſi j'ay entrepris une
digreſſion ſi longue, en la pouſſant
hors des bornes d'une étenduë
juſte & moderée. La neceſſité
d'ébaucher l'importance d'une
maxime ſi utile, m'a fait paſſer inſenſiblement ſur celle de ne point
me detourner de la veritable route de cét ouvrage. Renoüons
donc nôtre traitté , & avançons,
que ce grand bouleverſement de
l'Etat ſous Henry d'Arragon,
n'empeche pas que l'on ne rende
juſtice à la verité, & que l'on ne
tombe d'accord, que les Rois de
Caſtille , que Ferdinand , que
Charles V. & que Philippe II.
en tirerent des ſervices tres ſignalez. Auſſi ces Princes en oht tcû-
jours peſé le choix avec exactitude,

tule. Les soldats, & ceux qui
avoient vielly glorieusement sous
le Harnois, étoient ornez de ces
marques illustres. Les commanderies adoucissoient leurs maux
& leurs cicatrices.

Comme les Consuls, & à leur
exemple les Empereurs Ro-
mains, aiguillonoient fortement
leurs Capitaines par l'objet puissant des couronnes, Vallares, Mu-
rales, Civiques, & Navales, recom-
pensant ceux d'une valeur moins
eminente de Chaines, d'Eschar-
pes, ou d'autres ornemens d'un
ouvrage exquis & riche : ainsi nos
Souverains, judicieux emulateurs
d'une Politique si utile, treuve-
rent à propos de prostituer, pour
le dire ainsi, ce leurre attirant
d'une noble & particuliere audace.
Si les Romains par ce moyen eurent l'obligation à leurs Officiers,
& Soldats, de l'enlevement des

quartiers, de la prife des places, du falut de leurs Citoyens, & enfin d'avoir donné le branle dans les combats fur mer à une glorieufe victoire. Les nôtres eurent un méme objét; & l'effet en fut auffi confiderable. Il eft vray que ceux d'une extraction vulgaire n'emportoient pas une recompenfe femblable à celle des perfonnes d'une naiffance noble & relevée. L'augmentation de leur folde étoit une marque éclatante de leur valeur extraordinaire. Leur ambition n'avoit pas des bornes plus vaftes, à moins que parvenans de degré à degré aux charges confiderables de Capitaines, ou Maître de Camp, fa Majefté ne fuppleât au defaut du fang par une grace toute particuliere, fans que pourtant elle tirât à confequence. Nos Princes ont marché long tems fur ces traces, & fuivy des maximes

mes ſi importantes, qui condui-
ſoient inſenſiblement à la gloire.
Mais ſous Philippe III. l'on a
commencé de s'écarter d'une route ſi ſaine, & à degenerer aucunement de l'intention prevoyante de ſes Predeceſſeurs. Dom Pedro de Toledo, Grand Capitaine
auſſi bien qu'habile Politique,
inſinua avec adreſſe une omiſſion
ſi ruineuſe à la Monarchie; quand
ayant attaché ſa Venere (c'eſt la
marque des ordres militaires) à
un ruban qui couloit juſques aux
pieds, & que le Roy ſurpris d'un
nouveauté ſi bigearre luy demanda, pourquoy il la portoit ſi bas,
il répondit en ſoûriant = *Señor,
mas baxas andan*, Sire, on les
avale bien d'avantage : voulant
dire que la faveur, ou d'autres
reſlexions encore plus ignominieuſes, voloient ce digne &
veritable prix au ſang, & aux

H 4   me-

merites. Tant y a qu'une remonſtrance ſi ingenieuſe, & faite avec
tant de modeſtie , inſpirât des
ſentimens mâles pour couper racine une fois à des avantages qui
en germerent funeſtement. Dom
Pedro vid avec les reſſentimens
d'une douleur profonde , la Cour
reſolüe à ne pas demordre d'une
maxime introduite depuis quelque tems , & s'égarer du grand
chemin frayé glorieuſement par
leurs ayeulx , pour en prendre un
autre, qui reculoit au lieu d'avancer les progrez que l'on s'étoit
propoſéz.   De là l'on vid inſenſiblement ce foible reſte d'éclat
qui brilloit s'extenuer , à meſure
que la faveur fut grande , & que
la flaterie & l'adulation l'empie-
terent ſur le merite. La benigni-
té des Souverains donna un grand
poids à ce changement trop injurieux au ſang, & à la valeur, par
une

une abdication à peu prez generale des affaires concernantes l'E-
tat. Soit que la trempe de leurs
ames paiſibles preferât la tranquilité au fracas, & au tumulte, &
que la pente pour une vie exem-
te d'embaras, fut entrainante &
impetueuſe; ſoit que ces Alexan-
dres ſe repoſaſſent ainſi ſur la vigilance de ces nouveaux Parme-
nions, il eſt conſtant que leur
peu d'application pour le gouvernement donna l'étre à cette
grandeur demeſurée des favoris,
& que dez lors le miniſtere en
prévalut ſi extraordinairement.
Les Roys écoutoient bien, &
leur patience ne ſe laſſoit pas. La
volonté méme étoit prompte à
recompenſer avec profuſion: mais
ces Monarques ſi grands, avec tant
de lumieres & de diſcernement,
parmy les avantages du Chriſtia-
niſme, avoient un certain foible

H 5　　　ou

ou un vain reste de gentilité, &
pour l'ainsi dire des superstitions
payennes. Ils reveroient comme
les Souverains de ces siecles si
malheureux des idoles, l'ouvrage
de leurs propres mains, que leur
credulité élevoit prodigieusement. Ils consultoient comm'
eux, des oracles. Les voix en
étoient decisives, & le decret immuable. D'ailleurs ces ames
bouffies de tant d'orgueil, & en-
censées generalement par les applaudissemens des peuples, & des
Grands, faisoient la bonne ou la
mauvaise destinée, de ceux qui
en imploroient quelque grace.
Leur faste inspiroit l'instinct seul
qu'ils écoutoient : quelque fois
le caprice avoit des charmes; souvent la passion les aveugloit, &
toûjours leur toute puissance
l'emportoit. La raison étoit ba-
nie; Et les bons sentimens passoient

sortent en éclair, effacez d'abord
par des mouvemens plus forts.
L'on en voyoit la candeur éclipsée
immediatement, & la passion l'é-
touffoit dans sa naissance. Ainsi
il n'est pas choquant ny criminel
d'avancer que cette sorte d'Atlas,
avoient trop de foiblesse pour ne
pas succomber sous la pesanteur
d'une monarchie vaste & immense. Et par ce que le soutien en
étoit peu vigoureux, & la baze
chancelante, les tremblemens,
par consequent portoient des secousses & des coups si inopine-
ment, qu'on ne les paroit jamais
que fort tard, où à contre tems
par la lenteur rampante, le peu
d'application & le peu d'intelligence de ses directeurs. Mais
pour retourner à la source, & à
l'objet de ce discours, j'avance
que l'estime que l'on eut alors
pour la plume, fut tres ruineuse

H 6   à

à l'Etat : car l'on n'en borna
point les fallies , en la mettant
infinement au deffus de l'épée, ny
en l'avançant aux charges les plus
éclatantes du miniftere , & pour
l'ébaucher avec fes couleurs propres, infenfiblement à l'authorité
Souveraine , & à la decifion generale des affaires. L'on dût outre
cela fouffrir cruellement que la
robe attentât aux preéminences
du Harnois , qu'elle volât fes
droits , qu'elle s'enrichit de fes
depoüilles , & qu'elle triomphât
enfin dans le cabinet d'une victoire emportée fur le champ de
bataille. J'en infere que la recompenfe du fang degenera en
celle d'un coup de plume , & que
l'on porta plus haut les veilles des
uns , que les cicatrices des autres.
Auffi en tirerent ils feuls le prix,
& feuls toute la gloire. Souvent
une lettre dictée ingenicufement
operà

opera plus que cinquante campagnes ; & quinze mots rangez
dans l'ordre, l'emporterent quelques fois ſur autant de bleſſures.
Ainſi comme ces ſignalez ſervices
ne ſouffroient pas de paralelle , &
que la robe ne treuvoit encore
point de recompenſe proportionnée à cette ſoif profonde de charges lucreuſes , & qui enſemble
apportaſſent de la gloire, ils éplu-
cherent tous les moyens conceva-
bles pour ne frauder pas une vertu eminente , & un merite ſi rare
du ſeul prix digne de leurs veilles,
& d'un tour de plume admirable.
L'on jugea que les ordres Militaires, & ces Croix qui en ſont
l'ornement avec leurs Commanderies , avoient de quoy remplir
aucunement l'ambition de ces
ames inſatiables. La raiſon étoit,
à ce que quelques uns d'entr'eux
avancerent, qu'il ſuffiſoit au ſol-
dat

dat de porter la croix dans l'ame
& sur le corps emprainte, par l'effort des ennemis, sans qu'il la portât encore sur le manteau. Ainsi
comme le Conseil étoit composé
de cette sorte de gens, l'opinion
aussi en prévalut facilement, &
l'emporta sur la plus saine. Mais
dans un siecle si sterile d'actions
grandes & glorieuses, un foible
reste de fecondité en produisit
une toute éclatante. La nature
fit un dernier effort, & la vertu s'é-
tala toute entiere à travers ces
nuées grosses de flatterie, & de
la passion qui en deroboient le
jour. Il y en eut un qui s'opposa
vertement aux applaudissemens
universels, & qui seul appuyé de
son innocence ôsa choquer les
sentimens de l'assemblée, soute-
nant avec une netteté d'esprit admirable, que la monarchie étoit
d'elle même assez chancelante,
sans

de l'ébranler plus rudement par
une resolution à contre tems &
precipitée : puisque de quatre
vingt & dix Commanderies dans
l'ordre de S. Jaques , de 35. dans
celuy de Calatrave , & de 34. que
celuy d'Alcantara possedoit , outre 26. Prieurez & autres petits
benefices , à peine s'en treuvoit il
deux militaires , qui en possedas-
sent aucune aux Pays-bas ; avec
même indigence dans l'Etat de
Milan, aux Royaumes de Naples,
de Sicile , de Sardaigne , aux Ba-
leares, dans la Principauté de Catalogne , & parmy les armées a-
gissantes contre le Portugal :
pendant que l'on sçavoit que les
gens de Robe, & ceux de la plume en étoient seuls investis; si l'on
ôte ces familles qui par une grace particuliere des Souverains, en
possedoient quelqu'une hereditai-
rement. Ce sage Ministre adjoû-

toit

toit à une verité fi incontefta-
ble , qu'il ne murmuroit pas
que ces préeminences reftaf-
fent dans ces maifons mémes :
mais qu'il foûtenoit , que ceux
qui en étoient pourvûs, devroient
les gagner à la pointe de l'épée;
afin qu'un feul emportât , ce qui
fairoit l'effort de plufieurs. Qu'en
ce point on devoit les combatre
par leurs propres armes, deduifant
ces mémes raifons qu'ils avoient
alleguées autrefois en leur defence.　Car comme Charles V. eut

Sandoval
lib. 16. f.
713. ann.
1527.

demandé fort obligeamment
dans l'affemblée des Etats qu'il
tint à Valladolid, un fecours confiderable pour porter la guerre
dans le centre de la Mauritanie, &
des Provinces limitrophes , afin
de borner une fois les infultes
d'une nation fi barbare , qui par
des pirateries frequentes infe-
ftoit la mer , & troubloit le
com-

commerce , ravageant ſans ceſſe
ſes côtes de l'Eſpagne. Il y en eut
un qui porta la parole pour tout
le corps , & qui répondit à l'Empereur, en cas qu'il entreprit cette
guerre en perſonne que l'on mar-
cheroit ſur ſes pas avec une foule
nombreuſe des trois Etats du
Royaume, outre les offres qu'on
luy fit genereuſement de leurs
biens & de leurs vies, pour les immoler à des interéts qui n'avoient
pour viſée que l'avantage de l'E-
tat, & le progrez de la Religion.
Mais touchant l'argent , ce nerf ſi
neceſſaire pour conduire à bout
heureuſement une guerre impor-
portante & difficile , les villes
promirent de ſe côtiſer, avec méme offre des Eccleſiaſtiques. Les
Abbez ſeuls avec les Prelats firent la ſourde oreille, & reſiſterent
à une reſolution qui devoit les
exciter à ſuivre méme route avec
em-

empreffement , & de l'émulation.
Car bien loin de foufcrire aux
fentimens de leurs collegues, ils
protefterent hautement qu'ils n'a-
voient pas d'autre argent pour y
contribuer que celuy des Eglifes,
qui en verité n'étoit pas à eux,
mais feul un ornement confacré
au culte unique de la Majefté divine, qui n'en laiffoit jamais la pro-
fanation impunie.   Comme s'il
n'étoit pas permis de l'emploier
pour une guerre qui n'avoit pour
but que fa gloire , & l'étendue de
nôtre Religion Orthodoxe, qu'ils
avançoient fort peu eux mémes
par leurs debordemens, & ce luxe
fatal qui les retenoit enfevelis
dans une affluence des delices ex-
quifes, dont les lieux de leur re-
fidence font depuis longtems fi.
fertiles. Mais ce mal eft trop en-
raciné pour en efperer l'extirpation ; d'ailleurs la verité en eft
trop

manifeste pour ne pas étre ridicule.

J'avanceray neantmoins une chose qui les couvre de honte, & d'ignominie, c'est que l'ordre de Saint Benoît donna à l'Empereur pour cette expedition glorieuse, avec un zele immortel & exemplaire, 12. mille pistolles, retranchant cette somme sur les frais ordinaires, & sur la portion des Convents en general. Mais pour entrer en fait, je diray que les Commandeurs de S. Jacques, d'Alcantara, & de Calatrave, promirent de suivre Charles en personne, comme leur grand maître, ainsi que l'institution des trois ordres l'exigeoit inviolablement : toutesfois en cas que sa Majesté entreprit cette guerre sous la direction d'un autre, qu'ils ne contribueroient que de la cinquiéme partie de leurs revenus. Cet auguste

gufte Empereur dût paffer par là
& fouffrit avec modeftie une tiedeur fi offenfante. Il eft toutesfois permis de raifonner la deffus,
& d'en inferer, comme on ne leur
fit grace de ces Commanderies,
que pour en recompenfer les
actions éclatantes, & afin de porter les armes pour l'interét du
Prince, de l'Etat, & de la Religion, qu'on pourroit leur obje-
cter avec juftice cet axiome de la
Philofophie, *ceffante causâ, ceffant*
effectus, à fçavoir qu'en ceffant la
caufe, & le premier mobile qui
arrachoit obligeamment aux
Souverains ces marques d'une indulgence proportionnée à leurs
fervices, qu'il n'eft pas auffi moins
jufte de faire reflorir une maxime
à peu pres éteinte & abolie, pour
n'en couronner que la vertu, &
le merite.

D'ailleurs cet éclairé miniftre
fou-

tenoit que ce n'étoit pas une
lâcheté moins insupportable,
d'en laisser l'usurpation à la robe
au detriment de l'Etat & des armées, qui ne grossissoient plus
quand l'utilité seule en restoit à la
plume : quoy qu'il soit tres constant que dans ces occasions pres-
santes, où il s'agit de la seureté
publique, pas un seul de ces fameux Commandeurs songeroit
à repousser l'irruption des ennemis. Bien loin de marquer un
courage intrepide aux attaques
d'un place, ou à la tête des armées
prêtes à s'entrechoquer. Enfin
ce grand homme adjoûtoit une
raison concluante, à sçavoir que
l'on usurpoit trop long tems un
droit, qui ne leur appartenoit pas,
& que l'on n'avoit instalé aucunement pour ceux de leur profession ; que l'on devoit conçevoir
une fois des sentimens genereux,

&

& par une abdication univerſelle, au moins aprez le decez de ceux qui en avoient la poſeſſion, pre-ferer magnanimeinent l'interét particulier au general, & demor-dre d'un bien envahi de haute lutte, pour en faire reſtitution à ceux qui étoient néz pour les poſſeder , & à ceux encore qui verſans leur ſang avec ſi peu d'uti-lité , ne laiſſoient plus s'éblouïr par le vain éclat d'une ſi noble re-compenſe. Qu'aſſeurement ce revers ſi concerté ſeroit le germe fecond de pluſieurs actions écla-rantes : puis que trois cens Co-manderies, y adjoûtant celles de Montéſe au Royaume de Valen-ce,de Chriſt, & de S. Jaques en Portugal, avec plus d'un million d'écus de revenu , avoient des traits aſſez forts & des charmes trop puiſſans pour ne tirer pas quatre à cinq mille Cavaliers,

l'eli-

..., & l'essence de la noblesse, ... une léthargie assez funeste, qui ... retenoit dans la mollesse des ... jours immobiles, & extasiéz par ... l'air de ces Syrenes, qui y regnent ... si souverainement, puis que rien ... ne les aiguillonnoit à sortir du ... joug honteux d'un esclavage si ... lache, ny à briser glorieusement ... les chaines si serviles. Que la ... noblesse avoit l'ame placée dans ... une assiete trop belle pour ne ... meriter pas au prix de son sang ... un advantage si considerable ; que ... celle de Pologne avoit même avi- ... dité pour la gloire, même gran- ... deur d'ame, & une intrepidité ... aussi guerriere, que l'on y regar- ... doit avec irrision, & mépris ceux ... qui quittoient le celibat pour le ... mariage quand il n'ont pas signa- ... lé leur bravoure dans les campa- ... gnes : & l'on s'y regle selon ... cette preuve incontestable, que

Fredro in
Henrico
Valesio f.
26.

ceux

ceux qui n'ont pas affez de vi-
geur pour fe trouver aux factions des armées, ont par con-
fequent trop de foibleffe pour
remplir dignement les charges
importantes de la robe. Que
la France marquoit les veftiges
qu'il falloit fuivre; qu'il n'étoit
pas blâmable de marcher en ce
point fur fes traces, quand elles
conduifoient immanquablement
à la gloire. Qu'elle attribuoit en
partie fa grandeur formidable à
l'obfervation d'une maxime fi
épurée, puis que leurs armées
groffiffoient puiffamment par l'affluence de ces ames intrepides,
qui reputoient la foüillure ineffa-
çable de trainer une vie fainean-
te, & de croupir parmy les delices de la campagne & des Villes,
quand le Roy à la téte des fiens
frayoit le chemin que l'on devoit
fuivre. Mais fi le mouvement
feul

seul de la gloire deserte en ce Royaume les Cours, si les Villes, & les Champs, combien plus fortement l'utilité jointe à la gloire ne doit elle pas inspirer des mouvemens plus persuasifs, & combien les progrez aussi en seroient ils plus considerables?

C'étoit le sentiment de ce consommé Politique, qui au lieu de produire l'effet qu'il s'étoit promis, luy acquit la haine generale des interessez. Toutesfois comme ce grand homme marquoit seulement les inconveniens qui réjalissoient avec tant d'éclat de cette usurpation des ordres militaires, & qu'il n'insinuoit qu'en partie les moyens pour obvier à un debordement si dangereux; j'ay jugé à propos d'adjoûter mon sentiment aux siens, puis qu'aussi bien le Rubicon est passé, & que je ne fairay qu'essuyer

suyer un censure plus piquante.

Mais pour reprendre le fil de ce discours; & pour retourner au chemin duquel je me suis écarté imperceptiblement, je rapporteray que Charles V. me donna à Jean d'Urbieta que l'ordre de S. Jacques, & les armes ensemble qui marquoient comme quoy, il avoit pris François I. à la bataille de Pavie. Il est certain que ce fameux Guipuzcoan rougiroit à l'aspect d'une si nombreuse foule de Commandeurs qui ne le sont en effét, que parce qu'ils ont de la naissance, ou des qualitez encore moins considerables ; son orgueil s'en enfleroit & il s'emporteroit contre l'ingratitude de cet auguste Souverain, quand pour une éclatante action qui apporta à l'Espagne tant de millions, & tant d'Etats, dont l'on nous ceda les droits contestez, on ne luy donna qu'uqu'une simple croix militaire, sans y adjoûter aucune autre recompense. Tout beau; brisons-là; Charles n'en est pas blamable; il recompensoit avec discernement, & portoit haut les merites, ainsi que le prix des cicatrices & des campagnes. L'ignominie d'un abaissement trop honteux rejalit sur ceux qui abusent avec facilité de l'indulgence des Souverains.

Philippe II. fit la méme grace au Maître de Camp Julian Romero apres tant de sang versé, & des services tres-considerables, par ce que ce Prince la faisoit plus volontiers *à la sangre vertida* que non pas *à la heredada*.

Porreño dichos, y hechos de Felipe II. f. 244.

Mais ainsi qu'Alphonse Roy de Castille & Leon instituä l'ordre militaire de la Banda, ou de l'Escharpe, pour en recompenser la noblesse, aprez dix années de

Mariana T. 2. lib. 16. f. 48. chap. 2. ann. 1332.

I 2   Cour

Cour, ou de campagne parmy le
fracas des armes, & comme quatre ou cinc Caravanes rendent
les Chevaliers de Malthe capables de posseder les Commanderies de l'ordre par ancienneté, & successivement, de méme quatre ou cinq campagnes
devroient étre entre nous le Seminaire, où la noblesse s'exer-
çât au metier de la guerre avec
le prix infaillible des Croix &
des Habits de l'ordre, sans en
excepter aucune nation, puisque
la valeur étoit la méme ; & que
d'ailleurs l'emulation seroit un
puissant aiguillon pour les faire
agir vigoureusement à l'envy l'un
de l'autre. Mais l'on en devroit
faire aussi la distribution avec
des frais moins grands, & ces re-
buts levez, qui attiedissent le zele
& engourdissent le bras des honnétes gens : puis qu'il est certain
que

que ce beau monde a la méme avidité pour la gloire sans
que pour tant il ait à prodi-
guer des trois à quatre mille
écus, afin d'en acheter un bien gagné si düement, pour ne pas dire
faire des preuves; pendant qu'ils
ont même merite, & que leur
naissance ne cede en rien à celle
des autres. D'ailleurs dix ou douze campagnes seroient un puissant
motif pour en couronner dignement la valeur martiale, & pour
les mettre en possession des Co-
manderies proportionées aux
merites & aux services particuliers. A ce prix là l'on prodigue-
roit son sang, & il n'est pas de vie
à ce prix là que l'on n'immole
avec plaisir quand les travaux ne
treuvent plus la patrie ingrate, ny
les Princes sourds ou insensibles.
Mais le desespoir est un obstacle
trop invincible aux resolutions

I 3   fortes,

Cecidiſſe
in irritum
labores , ſi
præmia pe-
riculorum
ſoli aſſe-
quantur, qui
periculis
non affue-
rint. *Tac. 3.*
Hiſt.

fortes , & magnanimes , puis qu
ceux là ſeuls, qui ne ſe treuveren
jamais aux occaſions , en empor
tent auſſi la ſeule recompenſe.

Il y en a pluſieurs qui pour
roient bien avancer ce que D
Antoine d'Eſclergues Cavalie
Catalan. Car apres des ſervice
de conſequence qu'il avoit rendu
Proclam.
Catal. fol.
242.
dans les armées de ſa Majeſté
voyant que ceux du miniſtere er
étoiẽt fort peu touchéz & que l'or
refuſoit une juſte demande qu'il
leur faiſoit en cette conſideration,
il ſe mit en train de pretendre un
Eveché , mais comme on luy dit
la deſſus , qu'il n'avoit pas étudié
pour meriter des graces de cette
qualité , il répondit à méme tems
avec un air ſouriant & malicieux,
qu'il étoit auſſi capable de remplir l'eminente dignité d'Evéque,
quoy que ſans aucune teinture
des lettres , que cent autres à qui
l'on

l'on donnoit des gouvernemens,
& des employs dans les armées,
ſans avoir jamais ſervy ny fait aucune campagne.

C'eſt incident eſt aſſez appro- P. Mathieu
chant de cet autre, qui arriva avant dans Loüis
celà ſous Loüis XI. quand le Car- XI. liv. 1 &
dinal de la Balve cet eſprit fou- fol. 392.
gueux, & remuant viſitoit dans un
equipage peu decent, & à cheval
les corps de garde de la ville ; mais
comm'il eut obtenu du Roy la
commiſſion d'aller faire les mon-
tres des gens de guerre qui pour
lors ſe trouvoient à Paris, le
Comte de Dammartin picqué
ſenſiblement d'une metamorpho-
ſe ſi offençante, & voyant d'ailleurs ce grand bouleverſement
de l'Etat par l'ambition demeſurée du Cardinal, il demanda avec
ſoûmiſſion au Roy, qu'il luy permit d'aller tenir le Chapitre de la
grande Egliſe d'Evreux, puiſqu'il

I 4   ſçau-

sçauroit s'acquitter avec la méme approbation, quoyque soldat, de ces fonctions Ecclesiastiques, que le Cardinal des militaires, quoy qu'il ne le fut pas.

Tout éclairé, & tout habile politique qu'étoit le Cardinal Ximenes, ses emulateurs n'obmirent point de censurer une administration si circomspecte, & dont l'Espagne tenoit une partie de sa tranquilité, de son opulence, & de ses conquétes : car en effet selon leur sentiment c'étoit une chose peu plausible, & assez étonnante, que ce Grand Capitaine Gonzalo Fernandez de Cordoüa s'amusât à dire son chapelet à Vailladolid, pendant que le Cardinal commandoit aux armées ; puisque par une bigearre revolution des affaires de l'Etat, le Moine faisoit les fonctions du soldat, quand le soldat celles du Moine.

Il

Hist. du
Cardinal
Ximenez.
fol. 65.

Il eſt vray que ce mal n'eſt
point ceſſé pleinement avec ce
grand Cardinal, des plus foibles
bras infiniment que les ſiens, ont
ſoûtenu depuis le vaſte corps de
la monarchie; & c'eſt ſous la conduite peu éclairée de ſes miniſtres qu'il a été atteint de l'E-
vexie, la plus cruelle & la plus
perilleuſe des maladies. D'ailleurs cette lepre qui a infecté
l'Etat s'eſt étendüe avec violence, & elle à rendu difformes ces
floriſſantes faces des plus conſiderables Royaumes de l'Europe; &
l'on à bien vû des cours agitées
de ſecouſſes, & portées bas à deux
doigts pour la direction peu concertée, & par le zele indiſcret des
Religieux. J'en feray un jour le
ſujét de mes veilles, & je dedui-
ray alors comme quoy l'Empire
ſous Ferdinand II. la Pologne,
la Tranſilyanie, la Suede, & d'au-

I 5   tres

tres Etats encore joints à ceu
là ; ont du voir par une condui
peu confite dans l'art de regn
leur gloire éclypsée, & souffe
des atteintes mortelles & fun
stes. L'on a mandié à la por
de bien de confesseurs, & à cell
de leurs Colleges , les employ
les plus pesans de la robe, aus
bien que les plus importans d
l'armée : tout se briguoit, &
tout étoit exposé à l'incant, &
l'avidité de ces arbitres de la con
science des Princes. Ces hom
mes-là passoient pour des oracles
& les arréts en étoient irrevoca
bles ; comme si l'habit fesoit le
Moine, & comme s'il suffisoit de
le porter pour s'acquerir immediatement une science infuse, &
une intelligence generale des affaires. Serieusement dans ce
point mon sentiment n'est pas
éloigné de celuy de Côme de
Me-

Medicis qui soûtenoit, que le gouvernement d'une Republique ne se manioit pas le chapelet en main ny avec le Breviaire, mais avec l'épée & la plume, l'un & l'autre l'appuy fondamental de l'Etat. Toutesfois brisons-là, & disons, que Ximenes fut toûjours au dessus de l'envie, & que ses merites eurent trop d'éclat pour en souffrir l'eclypse. Les terres Australes & inconnues portent encore haut ses eloges; l'Amerique l'admire, l'Europe en general luy dresse des monumens eternels d'une gloire immortelle, & l'Espagne observe pour le present une partie de ses maximes.

Le mal est qu'il ne s'en treuve plus à qui l'on confere les charges sans les briguer : cette rigide vertu est éteinte, l'éclat en est extenué. Et comme Ximenes

P. Mathieu dans Loüis XI. liv. XI. fol. 527.

16   n'est

n'eft plus. D. Pedro Giron Du
d'Oſſune a payé le méme tribut
la nature. L'un étoit grand, l'au
tre incôparable, ſi celuy là teno
avec intrepidité un chemin
glorieux, celuy-cy ne s'en écarto
pas, il marchoit ſur ſes traces ave
ponctualité. Car il eſt conſtan
que ſous un Viceroy ſi judicieux
les moindres Officiers comm
les plus grands, ont été l'ouvrag
de leurs propres mains, auſſi bie
que des ſiennes. D. Pedro con
noiſſoit la portée d'un châcun, i
s'informoit de tout, & il peſoi
avec égalité les merites. Ainſ
Naples ſe rendit redoutable, &
ainſi elle attira les reſpects des
Princes de l'Italie : Veniſe entre
autres y ſuccomba à peu prez, & le
Genie de cette ſuperbe Republique, moins fier, & plus ſouple, ceda à celuy de ce Royaume moins
vaſte, & moins puiſſant que leur
Etat,

Etat, qui fait téte à la formidable maiſon Otthomane; quand toutesfois l'on a vû ce méme Royaume ſous une moins heureuſe direction bouleverſé au dedans, & attaqué au dehors, menacé & à deux doigts d'une fatale & deplorable chûte, ſans qu'il s'en relevât de luy méme, puiſque l'effort de toute la monarchie a dû contribuer pour le tirer de ce faux & méchant pas.

Roſcius avoit trente & ſix mille écus, que Rome luy fourniſſoit tous les ans, afin qu'il ſe preſentât dix ou douze fois pour faire rire le peuple. Loüis XI. eut le méme foible; il donnoit des milliers aux bouffons, quand rien ou fort peu de choſe aux honnétes gens. Et à ſon exemple l'on a bien vû des Princes combler de richeſſes ces avortons de la nature, & étre plus touchez infail-

P. Mathieu dans ſon Loüis XI. livre II. fol: 536.

failliblement par la grimace de
ceux là, que du miſerable état de
ceux qui étoient couverts de cicatrices. Auſſi les uns leur donnoient du plaiſir, quand les autres
une pitié inutile, & il valoit bien
mieux ſelon leur ſentiment, que
l'on arrachât à ces ames impi-
toyables l'éclat d'une riſée, que
non pas des ſoupirs, & un inſtinct
de tendreſſe.

Je ne puis à ce coup m'empécher d'uſurper icy, l'exclamation
de ce grand homme de l'antiquité, qui en fut l'ornement, & l'oracle : *O Tempora! O mores! O ſiecles!*
O habitudes ! pernicieuſes aux
Souverains ainſi qu'aux Monarchies. Quand le ſang & la no-
bleſſe ſont ſi ravalées, les cicatrices ignominieuſes, les arts, & les
ſciences dans le mépris, & dans
l'opprobre, puis que l'on en void
pluſieurs de la lie du peuple s'élever

-ver aux charges les plus impor-
tentes de la Robe , & de l'épée.
Non par la démarche d'une eminente vertu , ny en consideration
des signalez services que leurs
ayeulx , ou eux mémes ont rendu
en personne aux Princes leurs
Souverains : mais par l'appuy unique de l'or dont ils assouvissent
avec utilité ceux qui en sont si
affamez,& soit que les brigues des
favoris , où leur caprice seul y
contribue puissamment, l'on void
d'ordinaire des Bourgeois , dont
l'extraction est servile porter avec
fierté les glorieuses marques des
ordres militaires, & quoy qu'éle-
vez dans la boüe , & parmy la
poussiere marcher du Pair, avec
des Seigneurs , & emporter à leur
barbe de dix à douze mille livres
de recompense annuelle , outre
l'ignominieuse erection (avec
d'autres de leur trempe) de ces
nom-

nombreufes Baronies qui for-
ment un chaos fi confus des uns
avec les autres. A la verité j'ap-
prehende que ce ne foit un jour le
funefte germe d'une guerre civile
& fanglante, avec l'évenement,
que les dens de Dragon que
Cadmus & Jafon jetterent en terre, & d'où naquirent ces fameux
guerriers qui d'abord fe porterent bas par des coups, & des
bleffures mutuelles. Puis qu'il eft
impoffible que cette nobleffe intrufe, & pour le dire ainfi batarde,
ait le même fentiment que l'originaire & que la legitime : Celle-
cy n'ayant d'autre Zenith dans fes
actions, que l'honneur, quand
celle-là, Antipode & Antago-
nifte de l'autre, n'écoute que les
mouvemens de l'interét, & n'ob-
ferve que le lucre pour Tramontane, qui eft fa paffion predominante. Malheureufes Cours, &
M o

Monarchies chancelantes ! où l'on fait un diſcernement ſi peu exact des talens, & où les miniſtres abuſent avec fierté de leur credit, & de cette toute puiſſance, qu'ils tiennent plutôt du caprice des Grands , que non pas du ſang & des veilles, qu'ils ayent ſacrifiées glorieuſement à l'Etat.

Mais comme je me ſuis embarqué dans une affaire odieuſe, je pretends que Loüis XI. m'en tire , adouciſſant une aigreur aſſez épineuſe pour des certains eſprits qui ſans doute vont en être bleſſez generalement. Car comme ce Roy ruſé admetoit à ſa table des marchands , & d'autres de même profeſſion, pour en tirer des lumieres & des veritez que les Seigneurs luy celoient; un de ceux là bouffy déja d'une grace ſi extraordinaire , & laſſé qu'on l'ap-

P. Mathieu dans Loüis XI. liv. II. fol. 562.

l'appellat toûjours Sire Jean, i
demanda au Roy d'étre annobly,
qui luy en expedia à méme tems
les lettres; ce qu'ayant obtenu, il
vint se presenter au Roy l'épée
ceinte au côté, & sous un habit
decent à l'éclat de cette dignité
acquise. Loüis qui entra dans le
fonds de sa pensée, le laissa de
bout, & ne le daigna pas d'un
seul regard: ce Marchand travesty
eut l'effronterie de s'en pleindre
au Roy, qui l'en tança aussi tôt, &
luy dit; *Quand je vous faisois asseoir*
à ma table, je vous tenois comme le
premier de vôtre condition, & ne
faisois tort aux Gentilshommes de
vous honorer pour tel; maintenant que
vous avez voulu étre Gentilhomme,
& qu'en cette qualité vous étes prece-
dé de plusieurs qui l'ont acquis par les
épées de leurs devanciers, & leurs
propres merites, je leur ferois tort de
vous faire la même faveur : allez
Monsieur le Gentilhomme.

Enfin pour prendre une mâle reſolution , l'on ne doit que jetter l'œil ſur la vaſte étendüe de l'Europe , & éplucher en ce point la conduite des Etats qui la compoſent. Les ordres de S. André , de l'Elephant , de l'Aigle , dela Jaretiere , & de l'Epée ſont , & ont êtez autrefois en Ecoſſe , en Dannemarc, en Pologne, en Angleterre , & en Livonie , l'amorce de la valeur & d'un courage inébranlable parmy les hazards. L'Allemagne à ſon grand ordre Teutonique. La France le S. Eſprit. Mantoüe le Redempteur & Savoye a pour ſemblable objét outre l'Annonciade, le S. Maurice & le S. Lazare incorporez. Toſcane ſon S. Etienne avec cent Commanderies. Veniſe , & les Abyſſins leurs Chevaliers de S. Marc, & de S. Anthoine ; mais l'éclat des premiers coûte cher , puis qu'il

qu'il exige du sang, ou au moin
des grandes somnes pour le sou
tien de la cause publique. Ph
lippe le Bon Duc de Bourgogn
institua la Thoison d'or, qui fa
l'ambition des premiers Prince
de la Chrétienté. Mais si l'exem
ple de ceux de méme Religion, n
nous touche que legerement, qu
l'on rougisse, & que l'on aye hon
te, que les Princes Souverains d
Peru, & du Mexique ne confere
rent l'Escharpe & l'ordre du Lio
que pour en marquer la singulier
estime qu'ils faisoient de la mâl
intrepidité de leurs sujets. Et cõ
me le Timariat entre les Turc
fait une des bases les plus fer
mes de ce vaste Empire; Je soû
tiens aussi que les ordres mili
taires avec leurs Commanderie
conferées dans l'exactitude à
ceux qui sçauront les emporte
à la pointe de l'épée, peuven
être

tre un jour, si l'on veut en Espa-
ne, la pierre fondamentale de sa
grandeur renaissante.

Ayant touché legerement le
choix judicieux des Ambassadeurs, & deduit amplement l'importance des Negociations, &
l'avantage que l'on tire des ligues,
avec ce discours si étendu des ordres militaires dans leur splen-
deur premiere : J'ose me flater
que l'observation rigide de maximes si necessaires peut contribuer
aucunement à rendre tout son
éclat à une Monarchie, autrefois
l'arbitre de l'Europe. Puis que
dans son commancement elle eut
moins d'humidité radicale pour
jetter ces branches diffuses & spa-
cieuses d'une domination si vaste
& si immense. C'est le crayon seul
propre pour ébaucher la figure,
& dresser le plan d'un edifice qui
ayant esté elevé bien haut, faute

de

de fondemens folides, & d'archi-
tecte intelligent, s'eft écroulé
aprez tant de travaux, & plus de
treize mille millions de livres
prodiguez en partie, avec tant
d'utilité par la judicieufe direction
de fes premiers moteurs, en partie
avec une exorbitante profufion,
par le caprice, & par le peu de
conduite de fes miniftres. Ie mets
entre ces inutiles frais ceux que
l'on fit pour l'Efcurial, & pour
le buen Retiro, qui couterent l'un
vingt & trois, l'autre douze millions d'écus, fans que l'on en tirât
aucun avantage, quand il eft certain qu'avec un fonds fi prodi-
gieux, l'on pouvoit efperer des
conquétes bien glorieufes, & fe
mettre en pofture d'élargir, &
d'étendre hautement le corps de
la monarchie.

Mais pour reprendre ce que j'ay
infinué un peu plus haut : je foû-
tiens

ſiens que l'Eſpagne eût donné
ſes loix aux Potentats de l'Europe , & qu'elle eut achevé ſans
beaucoup de peine un projet ſi auguſte, ſi elle eut ſçeu ſe connoître
& peſer ſes propres forces aprés le
gain d'une bataille , où l'on ſçeut
bien vaincre , mais non pas uſer
de la victoire , & où l'on negligea
de ſe ſervir d'une matiere toute
diſpoſée à recevoir la forme que
l'on eut voulu luy donner.

Charles V. s'étant rendu maître de ſon fameux rival à la journée de Pavie , & ne treuvant plus
de puiſſance aſſez redoutable , qui
le contrecarrât ; parce que les
uns étoient dans ſes interéts par
leurs propres interéts , & que les
autres trouvoient trop de douceur à joüir ſeuls de la recompenſe de ſes conquétes pour les en-
viſager de mauvais œil. D'ailleurs
le party oppoſé , s'il s'en fut formé

mé quelqu'un, eut plié immanquablement, ayant en téte une
puissance infiniment au dessus de
la leur. Et ainsi ces foibles concurrens dans une si mechante posture, eussent bien pû le morguer
mais jamais le terrasser. Ce ca-
posé il pouvoit par les depoüille
des contrecarrans endormir le
plus éveillez & les éblouir par l'é-
tat d'une attente, qui eut assou-
vy pleinement une ambition moderée. Ce coup faisoit breche
dans les cœurs les plus endurcis.
Et un torrent enflé de tant d'a-
vantages, & d'une prosperité immuable, entrainoit, soit par crain-
te, soit par amour ou par l'effor
encore d'une violence insoûtenable, ce qu'on luy opposoit d'obstacles. C'étoit le moyen de
porter un coup mortel & funeste
avant que l'on se fut mis en garde
pour le parer. Si l'on infere que
l'ap-

...prehension publique alloit
...cher à Charles de puissans en-
...nemis, & luy soûlever un orage qui
...de l'impetuosité de ses saillies eût
...enversé la violence de l'autre
...moins redoutable, & plus doux
...comparablement, aprez s'étre
...dechargé de toute sa colere, &
...aprez avoir lancé ce qu'il avoit
...de foudres. Je tiens que les li-
...gues exigent bien du tems, soit
...par ce que l'on doit les digerer
...meurement, ou par l'incertitude
...& le caprice des alliez, par leur
...peu d'intelligence à fournir aux
...frais, par leur emulation & jalou-
...sie, enfin par des autres moin-
...dres incidens, qui joints aux pre-
...cedens, traversent ordinaire-
...ment les traitez, ou en rendent
...la conclusion difficile.

Mais Charles, ainsi que je viens
...d'avancer, relacha François I. &
...n'ayant sçeu tenir, ny une extre-

K mité,

mité, ny l'autre, d'un âpre rigueur, ou d'une grande generosi-
té, contre le sentiment de Pontiu
Telesin, & contre celuy encor
de Mercurin Gattinare, (soutenu
par ceux de Ferdinand de la Vega
& du grand Duc d'Alve) qui refusa de souscrire à un traité si peu
decent, & dont les lumieres d'un
esprit éclairé luy firent penetrer
avec facilité dans l'infraction, il
tint ce milieu toûjours si dangereux, & si funeste aux grandes revolutions, & n'ayant sçeu ny obli-
ger un ennemy entierement (don
la reconciliation d'ordinaire es
suspecte, & fatale) ny le perdre
comme il le pouvoit, ou au moin
le tenir dans cette condition servile, jusques à ce qu'il eut execu-
té ponctuellement la paix de Madrid, il vid ce fameux Adversaire
(au lieu de s'en retourner dans si
mois à Madrid, comm'il l'avoi
pro-

Sandoval lib. 14. f. 613. anno 1526.

Sandoval lib. 14. f. 635. anno 1526.

mis solemnellement , en cas
le traité ne s'executât, & peu
gne imitateur de Jean son pre-
cesseur dans une méme oc-
urence) adjouter la violence
ux insultes qu'il fit à sa credu-
té , soûlever les puissances de
Europe, implorer l'Otthomane, & à la téte d'une armée for-
idable, braver son vainqueur,
tenter toutes les voyes ima-
nables pour le faire gemir sous
pesanteur de ces chaines qu'il
noit de quitter avec tant de
heur , & dont il l'eut accablé
eurement avec plus de précau-
on dans une occurrence si pre-
euse. Car comme Loüis II. Duc
Anjou aprez l'échec fameux de
oche seiche, où il defit à plate
outure Ladislas Roy de Naples,
ar une irresolution funeste restât
ur le champ de bataille , sans
ousser son ennemy à bout : La-

Collenut. p.
1. Hist. di
Nap. lib. 5.
f. 157.

dislas

diflas fe mit à couvert d'un orag
fi affreux, reprochant hautemer
à Loüis une lenteur fi fatale, &
il en dit par irrifion , que Loü
dez le premier jour póuvoit f
rendre maître de fa perfonr
& du Royaume, le fecond d
Royaume feulement & non pa
de fa perfonne, mais le troifiém
ny de fa perfonne ny de fon Ro
aume. Charles V, eut un avantag
encore plus grand, mais un eve
nement à peu prez femblable. Ca
dez le premier jour il fut maîtr
de la perfonne de François I.
en ce point il l'emporta fur Loüi
Le fecond il fut l'arbitre de f
perfonne & de fon Royaume
puis que François le marchand
ouvertement avec luy : & icy er
core le genie de Charles fut a
deffus de celuy de Loüis. Mais l
troifiéme jour, & que je mets e
paralelle avec Ladiflas : exem
d'ap

apprehenſion , Charles ne fut
plus maître ny de la perſonne de
François , ny de ſon Royaume,
puis qu'il quitta l'un, & l'autre
avec tant de facilité.

Ainſi éclata, & ainſi s'evanoüit
la fortune qui promettoit à Charles l'Empire de l'univers. Mais
nôtre Monarchie par tant de
puiſſances ſoûlevées, & émulatri-
ces de la ſienne, par tant d'échecs
pendant un ſiecle & demy d'une
cruelle guerre, le germe fecond de
quantité d'autres , qui toutes
l'affoiblirent , par tant de revoltes
de peuples , & par les paix enfin
de Munſter & de Bidaſſoa , ſi
ruineuſes à la maiſon d'Auſtriche,
tout trop dechüe de ſa ſplendeur
premiere , & trop foible pour
tenter ce qu'autre fois elle pouvoit executer plus facilement.
D'ailleurs ſes maximes ſont trop
connoyées , elle marche d'un autre

K 3   air,

air, & elle a fur le bras trop d'ennemis, particulierement la France, agrandie par fes debris, & qui
éventera toujours tous fes projets.

    Mais avant d'achever, je diray,
pour une intelligence plus claire
de ce que j'ay avancé touchant les
ordres militaires, que le grand
Cardinal d'Efpagne Ximenez, a-
prez la glorieufe côquéte d'Oran,
qu'il fit à fes propres frais, con-
feilla à Ferdinand tres-judicieu-
fement de tranfporter les Chevaliers de S. Jacques en Affrique, &
dans Oran méme, afin qu'aprés
vingt ans d'un conflict perpetuel
contre les Maures, on leur donnât les Commanderies par ordre
d'ancienneté, & des fervices. Ce
grand homme, l'amour du peuple, l'admiration des foldats, &
les delices de fon Prince, dit un
jour à Hierôme Vanelli qui luy
pre-

(marginalia:) Hift. du Cardinal Ximenes f. 84.

(marginalia:) Fol. 31.

resenta un diamant a vendre pour le prix de cinq mille écus, qu'il étoit tres-beau à la verité, mais qu'il pouvoit bien employer cet argent avec plus d'utilité, puis qu'il avoit de quoy en secourir cinc mille soldats, leur donnant un écu par tête. Aussi l'on publioit Fol. 88. dans les armées hautement aprés sa mort, que jamais la milice n'a-voit été en plus grande estime, ny payée avec plus de ponctualité que durant son administration.

Il n'est pas hors de saison aussi de rapporter comme quoy le Ca-pitaine D. Joseph de Puxol (dans cet advis judicieux qu'il donna à Philippe IV. de glorieuse me-moire, pour remetre la Monarchie dans tout son éclat, & dans sa pre-miere vigueur) avoit bien raison d'avancer, *puis que la grande nai-sance n'est pas toûjours une source de belles actions, & que les enfans n'heri-tent*

K 4

Voyage d'E.
fpagne
Hiftorique
& Politique
fol. 212.
Fait l'an-
née 1655.
& imprimé
en celle de
1666.

tent que rarement de la valeur, & de
l'efprit de leurs Peres, que S. Ma. ne devoit pas laiſſer dans les maiſons, & en
ſucceſſion quatre cens & quatre vingt
& onze Commanderies (je n'en ay
mis que 300. ſuivant Salazar dans
la defcripition qu'il en a faite) què
poſſedent les huict ordres militaires
d'Eſpagne, qui valent plus d'un million d'or de rente : & qu'au lieu de
les donner par faveur, le plus ſouvent à des perſonnes inutiles, il devoit les diſtribuer à ceux qui auront
conſervé ou étendu les limites de la
Monarchie, & ſi quelquefois il les
laiſſoit ſortir d'entre les gens de
guerre, que ce ſoit pour un habile
miniſtre d'Etat, ou un adroit Ambaſſadeur, qui ſans tirer l'épée, a
defendu une place, en a ſurpris une
autre, a empeché une levée à l'ennemy, a ôté les vivres & les munitions
à une armée, a fait que les voiſins
s'y ſont oppoſez, a obligé un Prince
de

de quitter sa neutralité, a conservé
l'Allié, s'est asseuré de celuy dont on
doutoit, & qui enfin par son esprit,
& par son industrie a procuré des
grands avantages a son Maître, &
à l'Etat. Cependant il se plaint que
loin de gratifier du solide de ces ordres des personnes qui le meritent,
on leur en refuse mesme l'exterieur,
& l'éclatant, qui ne consiste qu'en
l'habit. Ainsi il allegue que Monsieur
de Saint Maurice Gentilhomme
Bourguinon, qui avoit rendu de
tres bons services, a été plusieurs années sans le pouvoir obtenir, bien
que le Marquis de Caracène eut
escrit en sa faveur, & recomman-
dé hautement la vertú de son grand
merite; qu'ainsi il ne s'étonne pas
que de son tems il n'y a en toutes les
troupes qui servent dans le Milanois, que huit Chevaliers, puisque
cet honneur qui devroit être la recompense des gens de guerre, ne

se

se donne le plus souvent, qu'à des gens de plume, ou à ceux qui s'appuyent plus sur la robe, que sur l'épée, encore qu'ils la portent toûjours, pour marque de ce qu'ils devroient être plutôt, que de ce qu'ils sont. Les expediens qu'il y propose sembloient être d'un homme d'esprit à ceux qui ne le connoissoient pas, mais la force du prejugé faisoit en plusieurs, qui sçavoient qui il étoit, qu'ils méprisoient ses raisons, par ce qu'il n'étoit pas en une haute fortune, comme si la bonté d'un medicament dependoit de la condition du Medecin.

La solidité de ce grand homme est le motif unique pour deduire icy au long cet argument si judicieux, par ce qu'il se rencontre à point nommé avec le mien, & parce que d'ailleurs c'est une preuve manifeste qu'il en est d'autres qui ont même sentiment que j'ay.   Mais

Mais afin d'adoucir l'aigreur que l'on doit avoir conçeu infailliblement pour cette reflexion politique que je fais fur la conduite de l'Etat fous les foibles bras des Religieux , j'adjouteray cet autre incident , & j'ofe produire icy Ximenes , en empruntant toute ma defence de ce grand homme. Car comme François Roüis le compagnon de fes travaux dans la religion , eut obtenu par fon credit l'Evéché de Ciudad Rodrigo , fans que pourtant il bornât fon ambition pour la grandeur , ou fon avidité pour l'opulence, l'Evéché d'Avila qui vacquoit pour lors ayant dequoy affouvir pleinement l'une & l'autre , il luy demanda cette dignité avec empreffement; Ximenez luy la confera, parce qu'il avoit bien de l'efprit , de la vertu, & toute la capacité neceffaire,

Fol. 96.

mais

mais cela n'empecha pas , qu'il
ne luy remontrât en amis , & avec
de la tendreſſe ; par ces mots
dignes aſſeurement d'être gravez
dans le bronze : *Si vous me croyez,
vous eſtimerez plus le repos que la
dignité & la rente , vous vivez
doucement dans la condition où vous
étes, je vous conſeille de vous y tenir , & n'aller point chercher ailleurs des inquietudes : car combien
des ſoins, & de troubles ſont cachez
ſous les belles apparences des grandes
charges , vous l'avez pu cognêtre par
mes affaires , depuis long tems que
nous ſommes enſemble.* Il le con-
tenta toutesfois ſur ce point, comme j'ay avancé déja, avec bien de
la repugnance; *par ce qu'il ne portoit
pas volontiers des amis aux charges,
qui bleſſoient le repos de l'eſprit , &
mettoient la conſcience en peril, &
eut de l'averſion à tirer des Mona-
ſteres les hommes qui s'étoient con-
ſacrez*

ſacrez à Dieu dans la tranquilité des ſaintes ſolitudes, *pour les produire aux grandes dignitez Eccleſiaſtiques ; Car tirer du Cloitre un bon Religieux qui ayme ſa profeſſion, c'eſt mettre un poiſſon hors de l'eau qui eſt ſon element, & ſa vie.*

Voyla le ſentiment de cet incomparable miniſtre d'Etat : & en ce point j'ay été ſurpris de rencontrer ces jours paſſez dans l'Ambaſſade faite au nom des Provinces unies des Pays-bas au grand Empereur de la Chine, comme quoy ces peuples civiliſez traitent avec rudeſſe ces Religieux qui preferent le grand fracas à la tranquilité de leur ſolitude, *Car à Linzing le Superieur d'un Convent confina cinq jours de ſuite en une priſon garnie au dedans de pointes de fer, ſans boire, & ſans manger un certain Religieux, parce qu'il s'étoit trop mêlé des intrigues qui ne le touchoient*

Voyage de la Chine T. 2. f. 57.

choient pas : tant font ils ennemis de ceux qui s'embroüillent dans le tracas du monde. A la verité cette punition eſt bien cruelle ; & elle ôte tout à fait que l'on faſſe aucun fonds ſur l'eminente capacité de ceux qui font profeſſion d'une auſterité exemplaire. Je ſoûtiens que l'on peut bien , & que l'on doit méme s'en ſervir, quand leur zele ſe borne dans l'empreſſe-ment de rendre un ſervice tres-important à l'Etat ſans aucune ambition plus eloignée. C'eſt mon ſentiment. J'oſe eſperer que cette addition authoriſera puiſ-ſamment ce que j'ay avancé ſur ce point dans la page 196. & dans la 201. où je deduis chaque matiere pleinement, & en particulier.

Mais je ne m'apperçois pas que je me treuve inſenſiblement à bout de ma carriere, & qu'il eſt tems de demander excuſe d'avoir

en-

entrepris cet ouvrage dans un ſtile moins elegant ; & dans une langue qui ne m'eſt pas naturelle: ce defaut aſſeurement ne rend pas ce diſcours dans toute ſa force, ny ſans avoir fait perdre à mes ex-preſſions leur poids, & leur elo-quence ; & pleût au Ciel , que des certains traits , que je cou-che icy avec franchiſe , puiſ-ſent donner leurs impreſſions avec plus d'effet , que non pas ces coups de canon ſans boulet , qui font bien quelque bruit , mais ne touchent perſonne.

F I N.

TA-

TABLE DESNOMS ET DES MATIERES,

Contenües dans ce traité.

TABLE

B.

TABLE

B.

DES MATIERES.

TABLE

DES MATIERES.

Cri.

T A B L E

D.

E.

                          il

DES MATIERES.

Cri-

TABLE

F

DES MATIÉRES.

L   ne

G.

DES MATIERES.

L 2   Han-

TABLE

H.

Jean

DES MATIEREL.

I.

L 3   Lan-

TABLE

L.

M.

L 4   Con-

TABLE

N.

Oli-

O.

TABLE

TABLE

Re-

DES MATIERES.

TABLE

T.

Val.

V.

X.

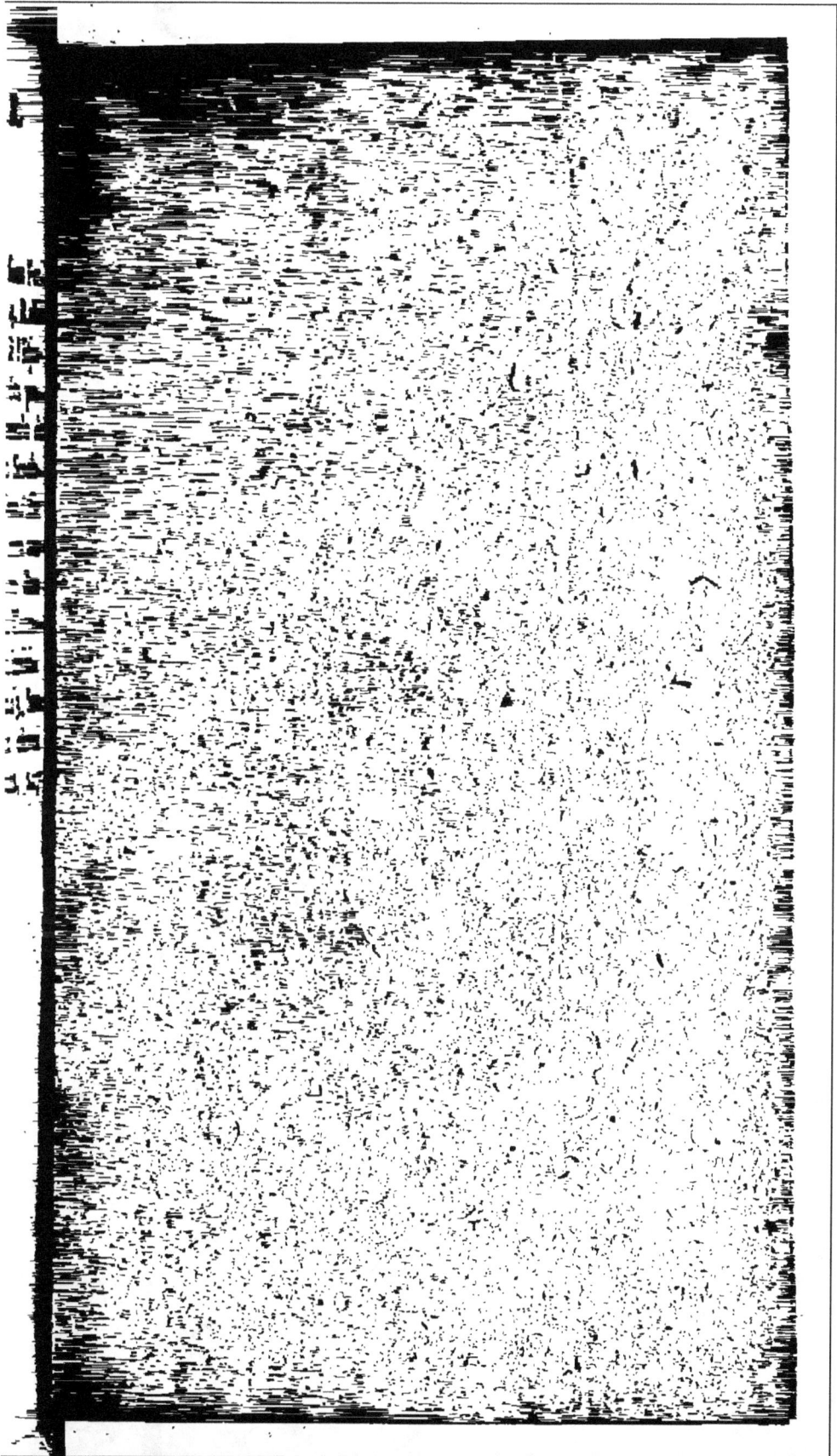

www.ingramcontent.com/pod-product-compliance
Lightning Source LLC
Chambersburg PA
CBHW070738270326
41927CB00010B/2032